大人の男は隠れて遊べ

支配されないための究極の〝逆転思考〟

里中李生

SOGO HOREI PUBLISHING CO., LTD

まえがき

自分の人生を振り返ってほしい。四十歳以上の人だけではなく、二十歳くらいの若い人もそうだ。

「努力に努力を重ねてきたのに」

「病気がちだけど難病じゃないから援助も受けなかった。結局、体力が続かなかった」

「何か悪いことをしたのだろうか。もっと極悪人がいるのに、自分には不運ばかりがやってくる」

そう絶望したことはないだろうか。

私は貧しい人たちや弱者に厳しいことで有名な物書きだが、それは甘えている人や公共マナーを守らない人たちに厳しいのである。本書ではそうした行動を「愚行」と書いている。

そして、お金持ちの中にもひどい人間はいる。例えば、今は大金持ちだけど、それまでに会社を何度も潰してきた男。潰れた会社の社員たちの中には生活が困窮して、ひょっとすると自殺した人もいるかもしれない。しかし、最後にお金持ちになったその男たちは総じて威張っている。雄弁に語るものだ。「何度も失敗して会社を潰したが、今ではこんなに優雅な暮らしをしている」と。

本当は、そんな傲慢《ごうまん》な彼らに「遊ぶ権利」はない。

さっさと大病を患い入院でもしてほしいのだが、お金があるせいか快適な暮らしをしていて、体調も良いのだろう。資本主義社会の仕組みもそうなっている。お金を稼いだ人間が勝ちだ。その稼ぎ方に悪質な経緯があっても、最終的にお金持ちになっていれば、世の中は内面を見ない人たちがほとんどだから、彼らは褒められる。

本書では、「本当に苦労してきたあなたたち」が、どうしたら楽になれるかを説いた。少女時代に、親に虐待《ぎゃくたい》を受けたり、イジメにあっていた女子も含め、すべての「頑張ってきた人」「傷だらけの人」「強者に自由を奪われている人」に、

「愚権」


という新語を使い、優しく「こうしたらどうか」と説いている本だ。

ここまで頑張ったなら、一時、「真面目な自分を捨てて愚かになる権利があるんじゃないか」ということだ。それは単純に「遊びなさい」「休みなさい」という提案である。それを実行するお金がない人にもどうすればいいのかヒントを書いている。

もし、健康なのに絶望的にお金がないなら、それはサボっているのであり、そちらには私は関与しない。

女子なら、美容院に行けるお金があり、男なら、私のように月額一万円のボルダリングに通えるくらいの生活力があれば、「預金して山小屋なら買える」という提案も本書にある。

山小屋は女子には勧められないが、そこで何をするのか不思議に思われるだろう。


「自由と快適」を得るのだ。

資本主義社会や過去に押し潰されてきたあなたが、大声を出して泣いても誰にも通報されない山小屋で、好きなことをする。それも、こっそりと。

「煙草はベランダで吸え」と家族に言われたあなたはそこで存分に煙草を吸う。観ていたら軽蔑されるＤＶＤをそこで見てすぐにシュレッダーで処分する。女装したいならそこで大いにやる。女子なら、安い温泉宿で裏切られた元彼の悪口を泥酔しながら喋り続ける。お酒は獺祭《だっさい》のような良い銘柄にして悪酔いは防ごう。それくらいのお金はあるはずだ。

ただし、重要なポイントがあって、それはその様子をＳＮＳに投稿しないことだ。それでは、先に上げたお金持ちの自慢話と同類になってしまう。

つまり、ＳＮＳに自慢げに投稿することで、他人に迷惑を掛けるのだ。どうでもいい自慢話を読むことで、多くの人が嫌な思いをする。

そう、愚権を行使する上での最低条件は、他人に迷惑を掛けてはいけないということだ。苦労してきていても、傷ついてきていても、あなたは誰かに迷惑を掛けてきた。それは仕方のないことでもある。しかし、だからこそ、自分のストレスを解消するために、他人に迷惑を掛けてはいけない。遊んでいる様子をＳＮＳに垂れ流してはいけないのだ。「成功もしてないのに何をしているのか」と批判される場合もある。

また、あなたの苦しみと屈辱を理解してくれる人は必ずいるものだ。

私にもいる。その男と私がする話は、ほとんどが愚権の行使についてである。それは、「ちょっとバカになろうよ」という提案だ。

私たちがやってしまった愚行と言えば、女での失敗くらい。成功して経済には貢献し、多くの哀しみを背負って生きている。なのに、「こんなにボロボロなのはおかしくないか」という言い分で、大豪邸を持っている彼が、「地下アイドル」を見て回る計画を立ててほしいと私に提案してきたから、爆笑である。

裏を返せば、彼も私もそれくらいストレスが深刻なのだ。アイドルの笑顔は癒しになる。女神のようなものだ。

ストレスを抱えながら安全運転を心がけているのに、軽自動車でショッピングモールの駐車場を逆走する人間に睨《にら》まれるのはうんざりなのだ。逆走は愚行だが、逆走する人間は反省しない。どこか、権利さえも主張している顔だ。「どう走ろうが、私の自由だ」という、あってはならない権利だが、国は彼ら彼女らを放置している。学校のイジメを放置しているのと同じだ。

「それら国家の怠慢は許されない」という怒りも、私と共有してくれる男はいる。

あなたにもいる。

あなたの苦しみに理解を示してくれて、偶然、趣味嗜好が似ている人が。

一人で遊べないならそんな人をＳＮＳなどで見つけて、一緒に隠れて遊ぶといいだろう。本書を読んでもらい、取り決めを交わすことだ。

「犯罪はダメ」「ＳＮＳに投稿したらダメ」「人に迷惑を掛けてはダメ」「ケガはしないように」「遊び終わったら、また頑張ってみよう」

人生を楽しくしようよ、と。

里中李生

大人の男は隠れて遊べ　目次

第2章 社会の愚かさを理解せよ

第3章 「愚行」と「愚権」の間

第4章 愚かになる権利

ブックデザイン　和全（Studio Wazen）
DTP　横内俊彦
校正　池田研一

第1章

世に溢れる愚民

バカに殺される時代

先日マンションから車で出ようとしたら、道路を走っていた教習車が入れてくれず、マンションと道路の間の歩道で立ち往生になった。教習車には教官が乗っていて、マンションや脇道から出てきた車を入れてくれるものだと判断した。しかし、入れてくれず、逆にスピードを上げたから驚いた。

すると、自転車で歩道を走ってきたおじさんが激怒。私の車の前に立ちはだかり、「邪魔なんだよ」とか喚《わめ》いている。窓を開けたら、「何やってんだ。バックしろよ」と罵倒《ばとう》してきた。

私は、「バックは危険だ」と説明したし、内心、「お前が邪魔で余計に出づらかった」と言いたかった。なぜバックが危険かというと、マンションのエントランスには子供が多く、たまに親の手を離れて走り回ったりしているからだ。しかもそのときは夕方で暗くて雨。

「バックするのは危険だ。後ろを歩いている人もいた」と二回説明したら、そこに通りかかったおばさんが、私に向かって「あんた、頭がおかしいよ」と言うではないか。私はさすがに激高し、「お前らいい加減にしろよ」と車から降りる素振りを見せた。

するとおじさんが、「そこに交番があるから来い」と言うから、いったん車を出して交番に行ったら、なんとそのおじさんが来ないのだ。

呆気《あっけ》に取られている警察官に事情を説明し、「ドライブレコーダーに撮ってある」と言っておいた。私のマンションに苦情を言ってくるかもしれないから、住所なども聞いてもらい、私は腰が折れるくらい警察官に謝っておいた。「くだらないことでお手数をお掛けしました」とね。

話は、「どういう人間がバカなのか」の解説になってしまうが、総じて「短気」。

それは人類の進化を見ても決定的で、短気な人間が減ったことにより、暴力、レイプが激減した歴史があるのだ。日本はそういう統計を取っていないようで、アメリカを例に挙げると、一九七五年のベトナム戦争終結後に教育を受けた世代が暴力を嫌う

ようになり、短気ではなくなった。脳が進化した。ＩＱが上がったというわけだ。しかし、

脳が十九世紀以前のままの人間は大勢いる。

私は、何かのトラブルで動けなくなった他人の車に怒ったことなどない。そのとき彼らがスマホを見ていたなら怒るが、出ようと頑張っているなら数分待ってもいいだろう。だが、私を罵倒した二人は三十秒くらいでブチ切れているのだ。しかも私は出ようと頑張っていた。車はどんどん来て、出られない。バックは子供がいて危険。もしも出られなかった原因が教習車ではなく、私の運転が下手なことだったとしても、罵倒されるほどの時間、歩道に停まっていたのではない。

正直、自転車のおじさんは六十代くらいで洋服もズボラ。おばさんも同様で、「口だけ番長」みたいなヒステリータイプ。「庶民」という言葉は差別的だが、まさに庶民の意地悪ばあさんみたいな顔だった。

日本にはそんな人間がごまんといる。ＩＱが低いままの、脳が退化したか進化して

いない人間だ。恐らく人口の半数以上だ。〝煽《あお》り運転〟のニュースが繰り返されることからも分かると思う。

そのおばさんは、沖縄基地問題の文句ばかりを言っているか、六十代になっても自分たちを「女子」と言っているか、一日中テレビのワイドショーを見ているかで、哲学書も読んだことがないだろう。哲学者の名前を三人挙げろと言われても答えられないと思われる。短気な人間は本も読まない。

話を戻そう。どこまで戻せばいいのか分からないが、皆、真面目に生きていても、このような脳が進化していない人間たちにストレスを与えられて、疲れるだけなのだ。高級ホテルの特別フロアに一年中いない限り、日本では平和ボケした人間としか遭遇しないと言っても過言ではない。

だから、われわれきちんと生きている人間は、

孤高でいて、こっそりと誰もいない所で、少し不真面目になって遊ばないといけない。

こっそりと言っているのは、そう、子供に気を使ってほしいからである。別項で改めて触れるが、子供とは小学六年生以下。私のこの信念は編集者から叱られるのだが、「体が大人になったら大人」という見解は譲らない。

さて、私の車はドイツ車だが、そのおじさんは私の乗る高級車に食って掛かった。昔の暴走族のような改造車だったら文句を言う人もおらず、ストレスはなくなるかもしれない。正直、小奇麗な新型ベンツやＢＭＷに乗ったところで、短気な人間たちからの攻撃は止められない。友人が、「そのおじさんはバカだから、里中さんの車の種類も知らないと思う」と慰めてくれた。

実は私は車のクラクションを滅多に鳴らさない男だ。二十年以上の付き合いがある女性が、「二十年で三回も聞いてない」と笑っていた。

だけど仕方ないから、クラクションを使うようにした。何しろ、「出庫注意」のライトが回っているのに、自転車は縦横無尽に歩道を横切るのだ。こちらの車の動きを見る素振りすらない。

車と自転車の共存が無理なのに、それを徹底して法整備しないのもおかしい。昔、ある芸人が、「ヤクザに見える人形を助手席に置く」というジョークを言っていたが、そういうのもありかと思う。

真面目に生きていたら、ストレスが溜まり、バカに殺される時代だ。

現実に、私は倒れた。

大病を患い入院した。マンションから車で出ようとしたときのトラブルからすぐのことだ。笑えない。生死をさまよった。

真剣に、利他的な生き方をしてきて、この結末だ。死ななかったが、呆然自失である。

人の本質は変わらないから、私は今でも人のために、猫のために生きているが、また愚民からのストレスで倒れないように対策を取っている。よく眠れる薬を飲み、ボルダリングというスポーツを始めた。

国家が誕生し、社会制度がある程度確立してから、特に民主主義が出来上がってからの愚民によるストレスは、不平等極まりない大問題となっている。短気な奴を怒ったら、そのバカは警察に通報する。

では殴れないからといって、そのキチ○イに土下座をさせたら逮捕だ。通りかかって「あんたは頭がおかしい」と私に言ったおばさんは名誉棄損罪だが、どうすることもできない。「車の後ろに人がいるからバックができない」と主張する私の頭がおかしいと言ったその女を、殴れないストレスは半端ない。

ただ、そこまで頭の悪い人間に対する怒りは一瞬だろう。三日くらい辛抱すれば忘れてくる。それでも、また同じ目に遭うのがわれわれ常識的な知性派で、対策は常に用意していないといけない。車にドライブレコーダーを付けてあるのもそのためだ。前後左右を撮影できるようにしたいものだ。タクシーの運転手が言っていた。「車内も撮影できるドライブレコーダーを会社が付けてくれている。お客さんがひど過ぎるから」と。

深夜に懸命に運転し、働いている初老のタクシー運転手に、暴言、恐喝、命令を繰り返す客たち。それにより、運転手はストレスで倒れ、愚かな客はご満悦だ。

この厭世《えんせい》的な話にうんざりした人に、私は聞きたい。

だったら、なぜ代わりに、無名の偉人を絶賛する世の中にならないのか。

新幹線で殺人鬼に襲われた女性を助けて亡くなった男性は、「国葬」にすべきではないのか。なのに、三日ほどでヤフーニュースの記事から消えた。代わりに、芸能人の悪口は長く掲載され続ける。どこかの芸能記者が悪口のコラムを書き続けるのだ。

絶望的な国だが、だからこそ、その対策を考えるのが本書である。

頭の悪い人間に選挙権が与えられる

私が息子に教えることは無数にあるが、「親父はうるさい」と思われると効果がなくなるから、大事な問題だけを語るようにしている。特に、「国民の半数以上は頭が悪い。お前はそうなるな」と言っている。最近、増税を理由にパリで暴動が起こったが、平和主義の息子に「あちらが正しい。日本人は国に怒らないで近くの人に当たる」と言っておいた。

「頭が悪い」の定義だが、まずはマナーを守らないこと。

息子にはこう教えている。

「法律でやってはいけないと決まっていることは、普通の人間ならやらない。それは逮捕されたくないからだ。刑務所に入りたくないんだ。しかし、法律で決まっていないことなら、それが他人の迷惑になってもお構いなしにやる。公共マナーのことだ」

例えば、大衆レストランでバイトの女子高生を怒鳴ったところで、逮捕されるわけではないし、店からつまみ出されることもあまりない。幼い子供に「バカ、早く食え！」と怒鳴っている母親も、ファミレスではよく見る。前項でも触れたように、最近は、土下座を強要したら逮捕されるようになったが、ほとんどの公共マナー違反は見逃される。それを察知している頭の悪い人間は、やりたい放題ということだ。

また、法律違反であっても、見つかりにくいことは多くの人がやっている。例えば、交通違反がそうだ。運転中にトイレに困ってスピードを出してしまうのであれば仕方ないのだが、楽しむために暴走している輩《やから》は多い。

ちなみに私は、時速七十キロで走っても百キロで走っても、到着時間にさほど変化はないという研究結果が出ていることを勉強しているから、高速道路でも滅多にスピードは出さない。プリウスの乱暴運転は有名だが、燃費が極端に良いから、急発進、猛スピードでもガソリンがあまり減らない。つまり「それを目的に購入している人間が多い」ということだ。暴走を目的にプリウスを購入するのだ。まるでヤクザだ。

息子には続けてこう教えている。

「そんな頭の悪い人間に、選挙権がある」

資本主義社会は、大戦を食い止める一因になっているが、そう、

民主主義は完全に失敗だ。

繰り返し言う。大失敗だ。だが、共産主義も良くない。

どこの先進国も、国民の半数は頭が悪い。半数とは控えめに言っている。日本では七割だと思うくらい、街は頭のおかしな、知性的ではない、そして冷静沈着な素振りさえも見せない人たちで埋め尽くされている。渋谷のハロウィンの暴徒化を見たでしょう。あれを「立派で利口な行動」と言う人はいない。

ネットは、「個人の趣味やプライベートに干渉すること」を仕事にしているように見えるくらい、有名人の批判中傷を繰り返す人たちで溢れている。ほかに本業がある

のだろうが、そこで善行を重ねている様子もない。

しかし、彼らにも選挙権があり、国や都道府県の首長を選ぶことができてしまう。俗に「B層」と呼ばれるが、何ら考える能力がなく、政治家のマイクパフォーマンスとマスメディアの情報操作に乗っかるだけの人間だ。

知っての通り、昔、小泉政権が長期間続いたのも、B層のおかげだった。彼がそれを狙ったことは有名なのだ。安倍政権は、野党が混乱しているから長く続いているだけに過ぎない。東日本大震災の前後、一時民主党が政権を取ったのもB層が活躍したからだ。あの圧勝劇を見れば、B層が八割を占めているとも言える。


先日、ATMに預金を下ろしに行ったら、おばさんがずっと振り込みか何かをしていた。郊外のATMなので、機械は二台。そのうち一台は「調整中」。郊外とはいえ、長い列が出来ている。なのにおばさんはお構いなしに操作を続けていて、途中、通帳をじっと見つめ、終わってもATMから離れず、鞄の中身の整理をしている様子である。「すみませんでした」も言わずに、「いっぱいやって疲れちゃった」と安堵《あんど》の表情を浮かべていた。

この厚顔無恥《こうがんむち》とも言える無神経な女にも選挙権があるのだが、政治を考える能力は果たしてあるのだろうか。かつてB層を相手に民主党が打ち出した「高速道路無料化」に目を輝かせて投票したのではないか。

安倍晋三《あべしんぞう》は、選挙権を十八歳に引き下げた。

私はその夏にいい歳をして東京サマーランドに行ったが、ロッカールームで十八歳くらいの若者たちが、約十分間の着替え中、「ガチ」「ヤベエ」「マジ」「勃起した」しか口にしていなく、私は、「早くここから立ち去りたい」と、息苦しさで死にそうになった。その彼らに選挙権があるということだ。

ある職場に勤めるおばさんは、「世界びっくり映像」を信じていた。それはインドだろうか。龍が飛んでいる映像を見て、「インドはすごい国だ」と驚嘆していたらしい。息子もそれを見ていたが、「画像が不鮮明過ぎるよ」と一蹴。そして、正体不明の小人のような男たちが岩から岩を飛ぶ様子を映したシーンでは、「人間に似た未知の生物がいる」と解説が入った。そこで「あれなら、ファイト一発の人もできる」と私がジョークを飛ばし、息子が大笑いしたものだ。

そう、私の家では、世界びっくり映像を信じる者は一人もいない。また、「マジ」「ガチ」「ヤベエ」だけで会話が繋がるはずもない。

しかし、私が持つ選挙権は一票だ。息子にはまだ選挙権がない。

「私に十万票をよこせ」と言いたい。

偉人の哲学者もそれを口にしていたはずだ。

選挙権はお金を稼ぐ人に与えよ。またはノーベル賞を取るような人や、苦しんでいる人や肉体労働で死にかけている人に。

マイケル・ジャクソンの後年のPVを見てもらいたい。あんなに苦しんでいた男はそうはいない。「僕の自由を返してくれ」という歌詞の曲で、「中傷、暴力、差別……を受けているんだ」と歌っていた。そして決め台詞が「彼らは僕のことなんかどうでもいいってことだ」である。強烈過ぎるアイロニーだ。

分かるだろうか。世間は中傷や差別をするだけして、実は、「マイケルのことはどうでもいい。ただ楽しんでいるだけ」という皮肉だが、現実にそうなのだ。そして、

「僕の権利はどうなったのか」

と叫んでいる。本書と同じテーマだ。
ストレスに殺されそうな人（彼は現実に殺された）、肉体労働で死にそうな人、優秀な人、心身共に美しい女、清貧に生きている田舎の女性……。彼ら彼女らに選挙権を山のように与えないと、すべてが吊り合わない。

では、「頭が良い」の定義を語ると、とても反感を買うのだが、要するに詐欺《さぎ》まがいのことをしないでお金を稼いでいる人たちのことだ。また、ＡＴＭを独り占めするおばさんや語彙《ごい》の乏《とぼ》しい若者に我慢している人たちにも、理性がある。

資本主義社会。
お金を必要としない国などなく、どの人もお金を欲する。得た金が多ければ多いほど、考え方を変えていくものだ。アフリカやアマゾンの未開の村の人たちくらいだ。お金を見せてもぽかんとしているのは。

それくらいお金は大事で重要なのだから、

お金を持っていることをもっと評価するべきである。

お金を稼ぐには高い能力が必要である。悔しいが詐欺師も頭が良い。しかし、詐欺師は認めない。

もちろん、お金がない人がすべてバカというわけではなく、先程、「理性」という言葉を使ったように、愚民に耐えながらまっとうに努力や徳を重ねる人もいる。ほかの私の本でも再三言っているが、漁業を親の代から続けているような人たちだ。伝統を守っている人たちもそうだ。

選挙権はこれらの人間に与えるべきものである。

男の場合は、

・年収が一千万円以上の人
・年収が低い場合は勤続二十年以上の人

・家業を引き継いだ人。または伝統的な仕事をしている人

もっと細かく設定しないといけないが、概《おおむ》ねこれでいいだろう。

しかし、これは夢物語だ。

政治家は、国の半数以上を占めるB層を相手に政治活動をしなければならない。今の日本では愚民が「女が働く時代だ」という思想に傾いたら、それを積極的に推進する。「韓国と中国はしつこい。もう戦争をしてもいいぞ」というネット右翼が増えてきたら、それに同意するかのように中韓に強気に出て、彼ら若者からの票を集めるために選挙権の年齢を引き下げる。

政治家はいつの時代も、愚民を相手に選挙をしている。

だからこそ、びっくり映像を信じる人たちにも選挙権を与えるのである。冷静に考えれば、そのような頭では小学生以下だ。なのに選挙権があるのはおかしいではないか。中学生にも選挙権はないのだから。

私が「成人と呼ぶのは中学生からでよい」と、とんでもないことを言っているのはアイロニーに過ぎない。アイロニーに過ぎないといっても、大人たちがこれくらい無能なら、大人びた子供に選挙権を与えてもそれほどの失敗にはならない。

根本から愚行をしてみればいいという案だ。真実が見える。偽善と甘えばかりの時代の真実が、必ず見えてくる。

いったん、「中学生から成人」とすれば、結論は恐らく「年収一千万円以上に選挙権」となるだろう。まだ稼げない中学生と頭の悪い大人は同列だと分かり、そこから議論が始まるはずだ。そして中学生の中にずば抜けて頭の良い人がいて、大人よりも遥かに知性的だったとしたら、その才能に選挙権を与えるという流れになる。そしてその才能とは、公共マナーを守ることや発明をすることだと分かる。知性的で非凡な人間は、ATMを独り占めにはしない。

根拠のない話を信じるB層

車でマンションを出ようとしてトラブルがあった話を前述したが、同じ日の夜、同じくらい不愉快なことがあった。詳細は言えないが、「Amazon の評価であなたを判断する」という内容のメールが届いたのである。

Amazon といえば、作品を創っている人たちは皆、迷惑を被《こうむ》っている。

ある賢明な一般人は、「作者の人格攻撃をレビューとして載せていて、作品の感想になっていないレビューが散見される。それを見て買うか買わないかを判断する人もいる」と言っていた。別の知人も、「商品の欠陥をレビューするのはいいと思う。蓋が開かない製品を買ったとか、切れない包丁を買ったとか。本なら落丁があるとか誤字があることなどを指摘すればいいし、映画なら、ブルーレイなのに画質が良くないことを教えればいいのだ。なのに作者や出演者が嫌いだという話に終始していて、その延長で作品の評価を下している」と言っていた。

彼らのような賢明な人たちは、Amazonの評価を見て作品を買わない。しかし、**バカはAmazonのレビューの星の数や汚い悪口を見て、「そうか。買うのをやめよう」と考える。**

周囲に流される「B層」たちだが、どうにもならないくらい頭が弱く、賢明な人たちを常に不愉快にさせ、自分たちは気楽に生きている。

序説が長くなった。

私は究極の地獄を味わったことがあるが、それを「天罰」とは思っていない。統計学を少しでも勉強したら、地獄のような体験をした人はごまんといることが分かる。

YouTubeの私の動画で、女優の浅川《あさかわ》稚広《ちひろ》さんとの対談がある。アドリブで「モテ期はいつ?」と聞かれた。私のモテ期はもう終わっているだろうという口振りだったが、私には、出会い系サイトや婚活パーティーを使わないと女子と食事ができない男よりは、ずっとその機会は多く、皆、浅川さんと双璧の美女ばかりだ。

人はこのようなこと（サプライズの快楽）があったあとに悪いことが起こると、「天罰だ。神様から怒られたんだ」と、殊勝に考えるものだ。
「正負の法則」とは美輪明宏《みわあきひろ》さんの言葉だが、

私は根拠のない話は信じない。「エビデンス」、つまり「根拠」を重視する。

もし、遊び過ぎた後日に悪いことが起こるなら、今どきのサボってばかりの男たちは次々と交通事故に巻き込まれないといけないし、宝くじを当てた人はすぐに死亡するのが当たり前にならないと合点がいかない。しかし、実際には宝くじの高額当選者が犯罪に巻き込まれるのはごくたまにであり、年間数十人以上もいる高額当選者たちの多くは裕福に暮らしている。

彼らも人間だから寿命がある。七十歳で死んだとして、「宝くじを当てたから死んだ」というのは無理がある。宝くじのお金でポルシェを買って事故死したら、「宝くじを当てたからだ」と言われるのだろうが、スポーツカーで死ぬ人は、年間、数え切れないほどいる。宝くじは関係なく、人には寿命があるのだ。それが長いか短いか、それだけのことだ。

私は地獄を見る度に、ふと、「女とセックスをやり過ぎたからか」と考えるが、私よりも女とセックスをしている男はごまんといる。

よく数えたら、私はとても女性の数が少なく、割と真面目に女性と付き合うように努力してきたのが分かった。

先日も「元彼はセックス経験が千人以上のすごい人」という女子と会ったが、例によって、「里中さんもそうでしょ」という顔をしていたから、「俺は三十人くらいだ。一人と長く付き合う。一人の女性と千回セックスするかもしれないが、千人の女をやっては捨て、やっては終わりなんてしない」と、疲れた面持ちでカミングアウトしておいた。

地獄がたまに来るのも、寿命が来るのも、過去に楽し過ぎることをしたからではない。

その道徳観、宗教的な殊勝さを「ばかばかしい」と一瞥《いちべつ》し、今、この原稿を書いている。そもそも、滅多にない楽しいことを満喫したら不幸なことが起こるなら、その逆もないと非常に不愉快だ。

私の場合、ずっと体に異変が起こる持病を抱えている。今は難聴に苦しんでいるが、検査で異常がない。恐らく、耳が楽になったら原因不明の咳が出て、それが止まったら心臓が痛くなり、心臓の痛みが取れたら不眠症になり……とエンドレスに続いていく、ストレスによる病である。それが少年時代からなのだから、もっともっと楽しいことがないと、幸運と不幸のバランスが悪いではないか。「正負の法則」の「負」が多過ぎるという言い分だ。

「出る杭は打たれる」と似ているが、誰かが楽しいことをすると、それを抑え込もうとする「教え」が世の中には石ころのように転がっていて、主に「恥」という言い方で、遊んだ人を諭《さと》そうとする。

その説教をされる人間が、遊んでばかりで何も生産せず、国の経済にも貢献していなかったとしたら、叱られても仕方ない。しかし、

一生懸命働いている人が、特別に快楽の遊びに興じる機会に恵まれたら、逆にそれを神様からのプレゼントだと思わないといけない。

私からの提言、本書のメインテーマだ。

もっとも大世間様は、快楽の遊びといっても、(酒なら)大衆居酒屋で飲むくらいしか認めないものだ。その神様からのプレゼントの翌日に、ちょっと不幸なことが起こっても、それも当たり前のこと。

日本では「犬も歩けばバカに当たる」というくらい、少しでも目立った行動をすると不愉快なことに遭遇するものだ。公共マナーを守らないおじさんとおばさんが街を闊歩《かっぽ》しているし、若者はタメ口でやってくる。また、サービス業で働く人への教育もまるでできておらず、低価格になればなるほどお客さんを蔑《ないがし》ろにしている。

私の地元にとても美味しいラーメン屋さんがある。しかし、その店は、テレビの音がうるさいのだ。厨房にいる店主が聞くためにボリュームを最大にしてある。客は耳を塞がないといけないほどだ。テレビが嫌いな私にこんな拷問はない。七百円も支払って、なんという不運だろうか。ただし、

私はそのことを食べログに書いたりはしない。

テレビの音は、私だけの不快感かもしれず、ボリュームが最大だと思っているのも勘違いかもしれないからだ。

ある日大型家電店に行ったら、女性店員に間違った製品を売られて、車で返品に行くという二度手間の不運に見舞われた。「女性店員」と書いたことにより、女性差別と批判されると思うが、悪いことをしたら、ニュースでも「女」「男」と区別される。しかも、別の若い男性店員が調べようとしたところに、「大丈夫だ」と割って入った先輩が、その女性店員だった。勉強不足と「ノリ」で商品を売っている典型的な事例だが、迷惑を被り、無駄な時間を使うのは客のほうだ。客をネットに奪われても仕方ない部分もある。それこそ、山の上ホテルやリッツ・カールトンくらいのレベルにならないとサービスの教育が徹底されているとは言えず、お金を払っているのに不愉快になってしまう出来事の回避は不可能である。常に心の準備をしておかないといけない。

トラブルと不運が当たり前のこの国で、なのに自分を戒めるように、「前日、遊んでいたからだ」と天を仰ぐのが善い人に見えて、反省している様子に好感度がありそうだが、その必要はまったくない。

特に男なら、ずっと豪快に遊んでいてほしい。大世間様から見た愚行は、あなたへのご褒美ということだ。

心と体中に傷があり、疲れてしまったあなたには、神様からのご褒美を受け取る権利がある。

念のために言っておくが、私が快楽に恵まれるようになったのは、三十歳くらいからだ。意識的に、それを目指したのも仕事が成功したあとである。

「自立」を目指しておばさん化する女性

「女性が輝く時代」という言葉がある。

結婚してからも、「私が輝くために」としつこい女がいる。四十歳から輝くためにはどうすればいいか、ということだ。その年齢になれば自然体がいいと思うが、スピリチュアルを盛んに口にしたり、自立自由を目指して離婚に向かおうとしたりする姿勢が多く見受けられる。

「結婚」もそう。

愛し合っているから結婚する女性もたくさんいるが、独身の女性のほとんどが「友達も結婚したし」と口にする。それが悔しくて強引に結婚を目指すが、それでは、その彼女たちが大好きな「運命の出会い」などはない。

輝くために都合よく結婚したいということは確定していて、過去の著作にも書いているが、

「私を自由にさせてくれて、家事は分担。だけどゴミはきちんと出してくれなくてはダメで、料理ができて、スマホのチェックをさせてくれないとダメで、共働きは当たり前。小遣いは私が管理します。風俗に行ったら離婚」

という条件を提示しているのだ。かわいいものだが、それを鼻で笑える男もいないくらい、男は女性化したと言える。

結婚したい。

働きながら輝きたい。

子育てや家事はしたくない。

ゴミは出したくない。

だけど、医者や弁護士と結婚したい。

恐らく、こんな愚かな女は滅多にいないと思われるが、エリートが集まる婚活パーティーにやってくる女子たちは怪しいと言える。平成の女たちの姿だが、例えば、福《ふく》山雅治《やままさはる》さんが結婚したときに、ずいぶん彼は叩かれた。女たちは、一緒に吹石一恵《ふきいしかづえ》さんの悪口も言っていた。「昭和臭い女と結婚した」と。

吹石一恵さんに昭和の雰囲気が漂うというのは、もちろん料理が上手で、福山さんの郷土料理も簡単に作れてしまうからだ。福山雅治さんの仕事を立て、スキャンダルにならないように行動していたところも男を支えているイメージが強い。それが昭和っぽいということだ。

そんな女性が、皆が憧れる男性を射止めたのだから、昭和の勝ちで決定と言える。

もうすぐ平成が終わる。そろそろ、昭和の清貧で可憐で、美しい女に戻ってはどうだろうか。キャリアウーマンを目指して、アラサーになってからは世の中に文句しか言わず、料理も作れず、または意識して作らず、子育てはしたくないと言い張り、男の悪口ばかり言っていて、だけどイケメン俳優は大好き。そんな女の相手をする優秀な男がどこにいるのか。エリートの男は相手にしてくれるかもしれない。もちろん、セックスが目的だ。結婚したとしても、子供を産んだあとは家政婦扱い。男は愛人をつくる。

自立が大好きな女たちは負けた。

男のように自立して良いことがあるとすれば、それこそ、金持ちになるしかない。自由に見える男はお金持ちか、頭の悪いサボっている奴だ。

自立とは、自分の信念を持つことだ。それはここでは女らしい信念であるべきで、婚期を逃して親に心配をかけることではないし、わがままに自由気ままに生きることではない。

「会社勤めは自由気ままではない」と反論されそうだが、今日もお洒落なランチに行って、何もしていないでしょう。目指しているのは高級ホテルのアフタヌーンティであって、料理教室に通うことではない。目指しているのは、ブランド物の鞄や洋服が似合う女であり、中身は空っぽのままだ。

「猫に小判」「豚に真珠」とはよく言ったもので、まさに、平成の女たちのやっていることはそれである。いや、猫なら本来愛嬌があるが、「愛嬌を振りまくのは、男に媚《こ》びることだ」と怒って、小判だけを持っている凶暴な猫に過ぎない。

「福山が二十代の女優と結婚していたら軽蔑していた」というセリフも、仕事をしているうちに売れ残った女が、若い女の子たちに嫉妬し、若い女の子たちの結婚を阻止するために必死になっている様子を浮き彫りにしている。まさに、女の敵は女ということの証明である。
真面目なアドバイスをするが、どんなにかわいい女の人も、結婚できないままおばさんになっていくと、近所の嫌われ者になるものだ（愛人になって、優秀な男を支えて生きていたら別）。どうあがいても険が出て、道を歩きながら自転車や泣いている子供を睨み付けているものだ。それはヒステリーという病で、更年期障害を発症する年齢になれば、女は多かれ少なかれその症状が出てきてしまう。箸が転がっただけで笑っていた少女だったのが、物音がしただけで怒るおばさんになる。車の運転をしているおばさんは、自分の運転が下手なのに、われわれ男を運転席から睨み付けるものだ。そのイライラをなくすためには、幸せな結婚をするしかないのに、それも「自立」が好きだからできない。

お疲れ様でした。
どうぞ、孤独死を目指し、イケメン俳優に恋をし続けてください。

その愚行は大いに後世へと受け継がれる。

ロボットが家事も子育てもしてくれる時代になったとき、あなたたち平成の女はその先駆者として称えられるでしょう。

自己分析もせずに気楽に生きる

自分の価値や才能、存在理由がまるで分かっていない人間は多い。
良い名言を紹介する。

「人生でいちばん大事な日は二日ある。生まれた日と、なぜ生まれたかを分かった日」マーク・トウェイン

本書は、「疲れている人たちの味方」だが、そのように冷静に自己分析ができない人間はとても気楽に生きている。

いかにも地味で、美人ではなく話にも品がない女子が、お金持ちの男に「この日にペニンシュラのスパに行ってきていいよ。予約をしておこう」と言われたとしよう。
価格にして五万円くらいのコースだ。

彼女は有頂天。「私はお金持ちに好かれるほどの美人」とまでは思わないかもしれないが、自分はペニンシュラの高級スパをプレゼントされるだけの女なんだとはしゃぐものだ。それまでは、「お金持ちは紳士な人だ」となるかもしれない。

しかしその女子は、「お金持ちは悪党」と、何の知識もなく嘯《うそぶ》いていたのに態度も一変。

自分の価値を冷静に分析ができていない上に、世の中を知らない。

それはお金持ちの税金対策なのだ。またはその男が恋人のためにスパを予約した日に彼女がキャンセル。適当に知り合いの女性にプレゼントしたのかもしれない。

男同士でも同じ。友人でもない男がキャバクラを奢《おご》ってくれたとしたら、それは怪しい金だ。

先日、富士山の麓《ふもと》にあるゴルフ場でのプロトーナメントの観戦に行ったら、駐車場で知らない男が近寄ってきて、「当日券ですか？　この前売り券が余ったからあげるよ」と、なんと前売り入場券をくれた。申し訳ないから二千五百円のうち二千円を渡したが、彼は一緒に来る予定だった友人がキャンセルになり、チケットを捨てるのがもったいないからと、私にくれたのである。

価格が安いものであれば、その背景が明確に分かる。ところが、価格が跳ね上がると分析できなくなるのが、冷静ではない人間の特徴だ。そのときにプレゼントを受けた側が、なぜか自分に価値があると勘違いをする。特に女性に多いが、女性読者たちは怒らないで読んでもらいたい。後で傷つかないように、経験豊富な私がお教えしているのである。

お金持ちはお金を税金対策に使うんだ。

「国に持っていかれるくらいなら、誰か困っている人や友人知人に使う」と、経費、寄付金にするのである。極度の愛国者でなければ、ほとんどのお金持ちがそう考えるし、愛国者だったとしても、お金持ちになると税金はすでに五公五民を超えていて、その税金の高さにストレスが爆発しているから、いくら日本が好きでも「いい加減にしてほしい」と節税対策に必死なのだ。

事例を挙げると、日本は車に関する税金が世界一高い国だ。それに怒って、女子にお金を使うのは自然の成り行き。高級スパならば、「接待の経費」という落とし方も可能だ。お金持ちが仕事関係の知人をゴルフ接待するのは、すべて経費であろう。

では、お金持ちや俳優のようなイケメン、優秀な男から、さして美人ではない、おっぱいも小さいあなたが高いものをプレゼントされたり、高級レストランに誘われたりした場合、どうすればいいのだろうか。

まずは有頂天にならず、「私はブスだし、スタイルも悪い。どうしてこんなことをしてくれるのか」と率直に聞くべきだ。「俺は君が好きなんだ」という展開もある。

聞くのが怖ければ、「どうせ金持ちの道楽。一回、楽しませてもらおう」と気楽になるべきで、お金持ちの男も、「一回高級レストランを奢ったからセックスをさせてほしい」とは言わないものだ。それをするなら雑誌モデルの美女にするだろう。その場合、ワインもブルゴーニュの逸品。

しかし、そのお誘いが二度、三度と続いたら、それはあなたがお金持ちに「恋」をされたのだと思っても問題はない。

先程から「ブス」という俗語を使っているが、実際は動物のような顔をした女性など滅多におらず、皆、それなりに見られるルックスだ。また、おっぱいの大きさを指摘する拙《つたな》い一文も書いたが、実は私はA～Cカップまでの女性が大好きなのだ。そのお金持ちの彼も何かのフェチかもしれず、さして美人ではないあなたに惚れたのかもしれない。

昔、ある女の子と出会った。

自称ブス。ボーイッシュで色気がなく、髪型は男の子みたいな超ショート。おっぱいも小さい。いわゆる「天然」の女の子で、最初本人はそれを否定していたが、私がキレキレに、あまりにも鋭く突っ込んでいくので、「私はバカ」と認めた。

ブスでバカでおっぱいは小さめ。しかし、当時の私は短髪の女の子が好きだったのだ。具体的に言うと、広末涼子《ひろすえりょうこ》さんや、最近では長澤《ながさわ》まさみさんだろうか。そして彼女は「私はブス」と泣いていたが、実際には歯並びが悪いだけだったから、矯正代金をすぐに渡した。若い女の子には危険な古いアパートに住んでいたから、マンションを借りて私が家賃を払った。

ここからが重要な話になる。彼女はそれに対して、

「私には高い価値があるんだ。美人だったんだ」とは絶対に自惚《うぬぼ》れない女の子だった。

謙虚ということだ。

夏の富士山周辺をドライブして帰宅したら、「富士山はどこにあったのか」と聞いた女だ。とてもバカだが、実はバカではない。冷静に自己分析ができるその彼女に、大きな価値があると私は思ったものだ。

努力もせずに「成功」にしがみつく

「成功したい」「成功するためには」とよく聞くが、そもそもなぜ成功できないのか。

男の場合は、才能、環境だ。

悲しいことに才能は生まれつきのものだが、環境によって、開花する、しないがある。天才の双生児を、それぞれアフリカの未開の村と先進国の「中の上」の家庭に預けたら、双子同士なのに、才能が開花するのは後者だ。

「成功したい」とうるさい男は、生まれつき才能がないのに、成功にしがみついている。しかもそのような人間は、最短距離を選ぶから、努力もしない。

ユーチューバーになってあっという間に稼ぎたいと妄想している。その結果、失敗を重ね、愚痴をこぼすか無理難題を他人に押し付け、愚行を繰り返す。再三言うように、その行為が室内のものならいいのだが、Twitterに呟くものだし、家族や友人も巻き込むものだ。「俺は金持ちになる。成功する」と喚いても、誰からも評価されていないし、努力も怠《おこた》っている。

一部の超合理的な手法で成功している男たちを除けば、ほとんどの成功者は四六時中働いているが、「成功したい」とネットに書いている若い男は、バカンスがないと我慢できないと相場が決まっている。飲み会三昧で、仲間と打ち合わせばかりしているものだ。その結果、一向に成功する兆しはないのに、「成功」「成功」とオウムのように喋り続ける。Facebookでそれを何年も言っている男はごまんといる。

では、いつになったら成功するのか。

成功できないのは、自分は無能だと分析できないからなのだ。

もしくは分かっているがそのことを認められないのだろう。

私は自信家のように見られるが、とても冷静に自分を分析して生きてきた。自分よりも頭の良い人は、畏敬《いけい》、畏怖《いふ》するし、自分には持病があり、限界があるのをよく知っている。「小説を書けないのか。文学賞が取れないくせに。三流野郎」とうるさいが、正直書く体力がない。家族を養い、ちょっとお金のない親友のような女性を援助し、さらに多額の税金を払っている。いったん今のような本を書くのをやめて、小説家に転身は難しい。最近ウェブ小説を始めたが、たくさんあるストックのうちのいちばん発表したい物語を先に出していて、それが大長編だから更新がなかなかできずに難航している。

先日、女子大生二人と飲む機会があった。医療関係の男に招待された食事だ。そこで、タレントでアスリートの武井壮《たけいそう》氏の話が出た。私が彼とゴルフや食事をしたことがあるのは皆知っているから、酒の席では私が口にしなくても話題に出されてしまう。

私は武井壮氏のことでこんな話をした。

「俺が出会った男の中ではトップ3に入る天才。俺よりもずっと頭が良い奴。しかも彼はショートスリーパー。人が寝ている時間に勉強もできるから、人の数倍は時間の得をしている。つまり、俺が七時間寝ている間に彼は読書もできるんだ。すべての面で太刀打ちできない」

この話は、私自身が自分の能力に限界があることを自己分析し、謙虚になっている証しだと言えると思うが違うだろうか。

「俺は世界一頭が良い」と言いはしないまでも、そんな態度でいる男はいっぱいいる。女性でも、政治家や会社社長になると、上から目線でしかものを言わない人は多い。少しは謙虚にならないといけない。

優秀な男は、自分の価値を分かっていない人間をとても嫌う。

「自分が」「自分が」と口にして、男を縛るばかりの女性が結婚。勝ち組を誇ってとても威張るが、相手の男は女性化した今どきの男。特に悪ではないが、才気溢れる男でもない。それでも幸せなら問題ないが、友人女性に威張れば、その友人女性も結婚を急がなければいけないと感じてしまうから迷惑だ。

男の場合は再三言うが、頭が悪く結果も出させないのに、「成功」にしがみつく者が迷惑だ。密室で、もやもやしながら「成功したい」と念仏を唱えるように愚痴っているだけなら問題はないが、今の時代はネットにそれを書き込む。できもしないのに仮想通貨投資を勧誘するビジネスで失敗した奴もいる。

では、どうすれば改善できるのか。

はっきりと言ってくれる成功者に教えを乞うといいだろう。その教えを理解できるかどうかというと、恐らくできないが（無能なのにプライドが高いから）、もし理解でき、謙虚に生きることに徹していたら、良いことがある。

「私はブス。だから頑張る」

「俺はバカ。だから謙虚にしている」

そんな信念を作ればいいのだ。

それを見た成功者が助けてくれるものだ。友人も増える。「なんて気さくで実直な人だ」と。

それが素敵ではないか。何も才能があるだけが偉いわけではない。才能があっても覚せい剤をやる男もいる。

人と人とは助け合いなのだが、助けてもらえない人は、謙虚ではなく自惚れている。

そしてサボっていると決定している。また身なりが汚いとか、そう、とにかく、**さえない人生を歩んでいる人は男女問わず、「努力不足」なのだ。**

「努力不要」という頭のおかしな自己啓発に触発されて能天気に生きていたら、五十歳で自分の無知さ加減に絶望することだろう。

人は誰でもどん底から這い上がれるものだ。

しかしそのとき、君をエスカレーターで高い場所まで運んでくれる神様がいるのか。まさかそんなに楽に成功できる世界があるはずもなく、階段を自分の足で一段ずつ登らないといけないのである。

と言うと、今の時代の男女は本書をブックオフに売りに行くのだろう。

それでいい。私は君たちのように利己的な人間とは付き合わない。

物事の価値を判断できない人々

価値が分からない人間に、価値の高いものを見せたときのがっかり感を読者の皆さんは体験したことがあるだろうか。

例えば、誰かと高級料理店に入ったとしよう。そこの料理は日本一といわれている。ミシュランが勝手に判断したのではなく老舗《しにせ》だ。「日本一には価値がない」と言う日本人は滅多にいまい。ところが、その価値に惚れ惚れして舌鼓《したつづみ》を打っているあなたに対して、連れて来た男は不機嫌。「料理が出てくるのが遅い」と言うのだ。

遅いといっても常識の範疇《はんちゅう》だ。その男にとっては、どんどん料理が運ばれてきてテーブルの上に乗せ切れないほど皿が並び、店はザワザワしていて埃っぽく、バイトの女子高生はかわいくて、だけど運んでくる途中、皿の中に指を入れているような大衆居酒屋に高い価値があるのだ。

それを世間的に「高い価値」と評価するのは苦しい。では個人的に評価できる価値なのだろうか。やはりスピードなのだろう。

恋愛でも、ある女の子がＤＶばかりの男と付き合うとして、その男に価値があると思っているとは言い難いが、価値のまったくない男とセックスをすることは、女性の本質、本能からも外れている。だからその男には何か価値があるのだろう。セックスそのものだろうか。だったらその男のセックスがたくましく、ペニス崇拝的なセックスは大いに女性の本能に忠実で、問題はない。

しかし、セックスはそれなりで、貧乏で、おまけにＤＶもやっている男と一緒になる女は、それに「高い価値」があると思っているのだろうか。そこには複雑な事情があるのかもしれない。高い価値があるとは思っていなくて、ストックホルム症候群のように、大きなショックを与えられたあとのセックスかもしれない。

仕事をしていない男とまずは付き合う、という女の子も多い。その男が出世していくところを見たいのなら大いに結構だが、そうでもないらしく、「部屋でゴロゴロしているお腹がかわいい」と言っている。それが平日の昼間だから、傍《はた》から見ていると呆然としてしまう。そしてお金がなくて苦しい生活を強いられている。苦しいといっても、そこは日本。タイやアフリカのようにはならないから、平和の果てに生まれた恋愛模様だと思っている。

平和ボケの最たる事例だが、飽食も、どこか日本人を堕落させているように思えてならない。日本には、モノと食が溢れている。仕事もだ。大食いのバラエティ番組がなぜ許されているのか、私にはよく分からない。食べ物を粗末にしたらいけないのに、大食い番組で食い散らかしている。「恵方巻」の大量廃棄も、来年も懲《こ》りずにやると思う。煙草は絶対に悪で、酒は励行《れいこう》する。それら矛盾が、価値を見分けることを困難とさせているのだ。

物質的に豊か過ぎて、少年少女期に親が本当に価値の高いものが何かを教えなかったことも影響している。また、価値の低いものはほとんどが大量生産されていて、何かしら欠陥があるが、その欠陥で苦労をしたことがない人間も価値を判断できない。

もっとも、「B層」のおばさんは異物混入が続く食品も平気で買いに行くものだ。B層は皆そうである。そして、そんな価値の低いものや人にしか向かわない人間こそ、価値がないというオチだ。

価値がないのは、目の前のものではなく、その本人なのだ。

厳しいことを言うと思われるかもしれないが、私はB層が大嫌いだから、どう解釈されても構わない。B層が怒ってきても宇宙人との会話になってしまうので、交われないから構わない。

「B層を批判しているのに、愚かになれと言っている」と、指摘されると思う。

しかし、本書のテーマをよく熟考してもらいたい。

それは、ストレスに苛《さいな》まれている人間が、密室でやってほしいことなのだ。

愚権である。

愚かな行為を密室でやっていい権利がある。

他人から見えない場所だ。無人島でもいいのだ。

すなわち、

向上心のある人間の前に、やる気のない迷惑な人間は出てこないでほしいわけだ。

車の話で言うと、軽自動車で高速道路に入らないでもらいたい。こちらは、アウトバーンを百五十キロで走れる車。あちらは近くのコンビニまでの買い物に使う車だ。私の友人でレクサスを欲しがっている人も同様のことを口にしている。その男は、「食事の価値は考えないが、モノの価値は重要だ。高速道路の軽自動車をなんとかしてほしい」と語っていた。

「食事はどうでもいいんだね？」

「日本を代表する寿司が嫌いでね」

と自嘲気味に笑ったものだ。

ここまで読むと、価値の低いものや価値のない人間に恋をする男女は頭が悪いの一点張りで、非難轟々《ごうごう》かと思われる。しかし、貧しいことを批判しているのではない。高級なブランドを買ってもその価値が分かっていない人間もいる。優秀な男に恋をしても、「仕事ばかりしている」と別れる女もいる。

そして、自分の今の状況を理解できない人間もいる。

イケメンでも細マッチョでもない男が、ポルシェに乗っていい気になっていても似合わないのだ。

「かっこいい」と絶賛されて大満足だが、かっこいいのはポルシェであり、自分ではないことを、彼は分かっていない。

先日、首の治療で専門のクリニックに出向き、愛車をクリニックの前の来客用車庫に停めた。治療中、「車の運転が趣味なのに、首が悪いから最近は走っていない」と医師に話していたら、医師が治療後に車を見に出てきた。

「おお、かっこいい。私も欲しいな」

もちろん、それは車に対しての賛美。首がボロボロで泣き言ばかり言っている私がかっこいいはずはない。正常でいたいなら、自分の今の価値、愚かさなどを瞬時に察しないといけない。

ここでは重ねて事例を出していき、あなたを納得させてみたい。

あるデブの男がＡＶのバイトをしながらこう言った。ＡＶ女優の顔に出すだけのバイトだ。

「俺はデブだし、ブサイクで女の子の恋人もできない。こんな業界に足を突っ込んでいるから尚更だよ。だけど、AV女優は笑って相手をしてくれるからこれがベストなんだ。車？　どんな車なら似合うかな」

頭の良い男だ。向上心がなくても自分の価値を弁《わきま》えている。きっと、女の価値もよく知っているだろう。しかも、この力のない話をFacebookに垂れ流すわけではないのだ。分かるか。

向上心のない話、行動をFacebookで晒《さら》す。自分の価値や今の状況を理解せずに晒す。それが愚行の極みだ。

愚権の行使には「大勢に見せない」というマナーがあるのだ。

仲間と草食動物のように群れて、それが楽しいならそれでいいではないか。なぜ、その様子を写真付きで見せびらかすのか。そんなに仲間がいるのに寂しいのだと解釈するが、それでもいいのか。

ゴリラみたいな男が、ベンツのＡＭＧに乗ったら、ただのヤクザである。それが分からないのだろうか、とても自慢げに改造を重ねたベンツの写真を投稿している。

しかし、クリスティアーノ・ロナウドやトム・クルーズが超スポーツカーに乗っているのは似合っている。

考えてみれば、とても簡単な理論だった。

愚民への対処方法

さて、世に溢れる「愚民」について書いてきたが、ここで、そんな愚民に疲れているあなたにアドバイスをしたい。日常の対策だ。

彼らは、「ゆるい」所が好きだ。

便利な所とも言える。便利なグッズ、機器などが無料で提供されていて、マナー違反にゆるい店。自分を堕落させ、放置してくれる、わがまま、身勝手を許してくれる場所に連中は群がっている。格安ゴルフ場が良い事例だ。コースに監視カメラがないのだから。あるいは、あっても壊れているものだ。

あなたたち知性的な人間は、そこに近づかないだけで疲れが取れるはずだ。

ATMを独り占めするおばさんのことを前述したが、私のように、無人のATMに行くのが大馬鹿である。いつもは駅前の銀行まで行くのだが、その日は雨だったから地元の無人ＡＴＭで済ませようとしたのだ。

銀行なら、監視カメラがあって警備員がいる大きな支店。レストランなら、蕎麦屋のような食い散らかせない店。

車なら、煽られないように高級外車。あなたの運転の敵となるのは、軽自動車やプリウスのような燃費が良過ぎる車ということだ。もちろん、軽自動車に乗っている優れた人もいるだろう。それは田舎で農業を営んでいる人たちだと思われる。プリウスも同様。

それから、富士そばのような立ち食い蕎麦屋は、サラリーマンが急いで食べて出ていくから、それほど環境は悪くない。ケンカしている暇もないということだ。

私はすべての安い場所やすべての便利過ぎる場所を否定しているわけではない。中立でものを言っている。これでも。

私は常に、公共マナーを守らない人たちから離れようとする。

そして公共マナーを重んじ、日々ストレスに苛まれている人たちは、「高貴」ではないか。高貴な人は、お金がなくても立派だ。立派なのに、愚民からのストレスで死んでいくのが寂しいと言える。マイケル・ジャクソンがそうだ。

本書の寂しく、悲しいテーマでもある。

そこの君だ。


政治家に絶望し、安い酒を飲み、街では人助けをしている君だ。


なんてクソ真面目なんだ。

もっと、バカになりたまえ。愚かには愚かで対抗する。それが神格化も仏教の修行もできない人たちの、生きる術である。

第2章

社会の愚かさを理解せよ

人間は人間すら簡単に殺す

一部の人間には狩猟という趣味がある。私は、残虐極まりないこの趣味を持っている人間とだけは絶対に友人にはなれない。人間の究極の悪の一つであると思っている。北海道では田畑を荒らす動物による農作物の被害が深刻で、また、外来種が日本の自然を荒らすことからも、害獣の駆除は必要だと思われる。しかし、それを「趣味」としている者には吐き気を覚える。ましてや、山奥まで熊や鹿を狩りにいくのは、撃ち殺す快楽に酔いしれているだけだと断言したい。よく間違えて人間を撃ち殺すが、緊張感がないのか腕がないのかまったく解せない。人間は賢いらしいから、本当は動物を殺さない技術も持っているものだ。それが何かは言及しない。苦情が来そうだ。

ある国で何の罪もない象が殺されるニュースを見た。私有地だったらしいが、そこの地主に大金を払い、狩猟の許可を得て草原にいる動物を射殺して遊んでいたそうだ。彼らは空腹で、食べるためにその象を殺したのだろうか。それなら、鯨やイルカの漁と似ていて、議論の余地がまだあると思われる。草食動物たちが、食べることのない、敵でもない相手を殺すだろうか。それを行うのは人間だけだ。

「人間は地球上で最も優秀な生き物」

ある科学者が口にしていたが、きっと「俺は優秀だぜ」と言いたい極度のナルシストなのだろう。吐き気がするほど愚かな男だ。

人間ほど残虐な生き物はいない。

私は極度の人間嫌い、女嫌いだ。そう公言している。

人間の中には男も含まれるから、女性差別主義者ではなく人間差別主義者なのだ。先に言っておくが「個人主義」というもので、女が嫌いといっても目の前に立った女性を蹴ったりすることではない。心身ともに美しい女性は大好きだ。男に対しても同じ理屈である。「男嫌い」という言葉を使わないのは、男が男に使うことはあまりない言葉だからだ。

人間がいかに愚かな生き物か、ナチス・ドイツからでもいいから、人類の歴史を調べてみればいいだろう。歴史上、最も多くの人を殺したのは「蚊」だが、アフリカを除けばきっと「人間」が一位に君臨するだろう。それくらい、残虐、残忍、汚い生き物はいない。大昔の話ではない。一九九四年にもルワンダでジェノサイドがあったのだ。死者百万人ともいわれている。

命に関わることだけは、私はとても神経質である。だからＤＶはいけないし、軽自動車の暴走を批判している。

命は失うと戻ってこないのだ。

宗教的に、「天国がある」「輪廻転生《りんねてんせい》」と言っても根拠がない。病死はある程度は仕方ないが、自殺、事故、殺人だけは避けて歩かないといけないと思っている。

冒頭、罪のない動物を趣味で殺すのが人間の究極の悪の一つと書いたが、絶滅した動物たちは永久に帰ってこない。絶滅した動物たちを返してほしい。彼ら動物たちにも感情があることは、ペットを飼ったことがある人は分かるでしょう。人間に残酷に殺されていき、動物たちはどれほど苦痛だったことか。

ニホンオオカミが剥製のゲノムから甦ったら考え方を変えてもいいが、ＳＦでもそんな陳腐《ちんぷ》な脚本は書けない。


人間は人間すら簡単に殺すことができる。

本書は、「愚権論」である。

それは個人が自由に愚かなことをして遊んでよく、誰も「殺さない」ことを言うのだ。動物を殺してはいけないし、カブトムシをいっぱい獲ってきて、世話もせずに殺してもいけない。

私は愛猫家だが、猫のその寿命の来るまで、それはそれは、必死に世話をする。

死んだら、二度と生き返らない。

死んだら、その人は終わってしまう。

それを知らないのが、実は人間なのだ。

語弊があった。


どうでもいいのだ。人間は他人が死んでもどうでもいいのだ。

そう、趣味、生きものを殺すこと。

人間の究極の愚行だ。実は、殺人は二十世紀から大きく減少した。だが、殺人が描かれる映画、ゲームは大人気だ。それが証拠である。


甘えている人たちは、人類の歴史を調べてみなさい。

映画には史実に基づいたものもある。私はすべての有名な名作を観ているわけではないが、ヒトラーに関する映画は観ているし、ベトナム戦争の映画、日本の戦争映画は観ている。

本を読むのが嫌いなら、せめて映画を観てほしい。美化されている部分もあるが、人があっさりと、まるで野菜が包丁で切られるように殺されていくシーンが頻繁に出てくる。

人種差別の映画にも傑作がある。『遠い夜明け』。

戦場レイプなら、『カジュアリティーズ』。

男がそんなに嫌いな女子は、『タワーリング・インフェルノ』を見るといい。

天才が嫉妬に殺される映画は『アマデウス』。日本でも嫉妬、僻《ひが》みが蔓延《まんえん》していて、成功者の失敗をネットで注視している。醜いものだ。

罪の軽重が重視されないのは、『レ・ミゼラブル』。

あなたの彼氏が甘えていたら、あなたの彼女がかわいいだけで何のとりえもなかったら、神妙な面持ちと心構えをもってして、文芸大作や戦争映画を観るといいだろう。

それを、「そんなに暗い映画は嫌だ。ディズニーのアニメが好き」と言っている女が、彼氏、夫の体たらくを見逃しているのだ。

『わが息子よ、君はどう生きるか』（日本語訳版／竹内均訳、三笠書房）という、世界で千百万部を売ったフィリップ・チェスターフィールドの名著がある。この中に「歴史を学ぶこと」と書かれている。

映画の話に戻すと、『シンドラーのリスト』を観たあとに、『サルトルとボーヴォワール　哲学と愛』を観ると、片や戦争映画、片や恋愛映画なのに同じ時代の話だと分かる。フランスに、ナチス・ドイツ軍が侵攻してくるのだ。ジャン＝ポール・サルトルが名著『ユダヤ人』を書いていることでもシンクロしていることが分かる。それだけでもとても知識になる。『愛を読むひと』という恋愛映画もその時代だった。

話が少しばかり脱線したようだ。

無差別殺人を決行する人間の屁理屈は、「敵は異教徒」「敵は資本主義」である。ＩＳ（イスラム国）もそうだ。

それなら、自分で社会を改良すればよい。

人間らしく言語を使って。

私は社会を少しだけ改良するために生きている。ほかの作家もそうかもしれない。特に、評論家は世の中を良くしたいのだろう。不可能だが、やらないよりは充実感がある。それをまったくやらない男は甘えているし、それで楽に生きることに充実感を得ているなら、それを許している国家と家族、恋人が問題だ。ここまで語ったような愚行を周囲が許しているのだ。

「8050問題」が典型的な事例だ。究極の甘え。国が異常なのである。

お買い求めいただいた本のタイトル

■お買い求めいただいた書店名

（　　　　　　　　　　）市区町村（　　　　　　　　　　）書店

■この本を最初に何でお知りになりましたか

□ 書店で実物を見て　□ 雑誌で見て（雑誌名　　　　　　　　　　）
□ 新聞で見て（　　　　　　新聞）　□ 家族や友人にすすめられて
総合法令出版の（□ HP、□ Facebook、□ twitter）を見て
□ その他（　　　　　　　　　　）

■お買い求めいただいた動機は何ですか（複数回答も可）

□ この著者の作品が好きだから　□ 興味のあるテーマだったから
□ タイトルに惹かれて　□ 表紙に惹かれて　□ 帯の文章に惹かれて
□ その他（　　　　　　　　　　）

■この本について感想をお聞かせください

（表紙・本文デザイン、タイトル、価格、内容など）

（掲載される場合のペンネーム：　　　　　　　　　　）

■最近、お読みになった本で面白かったものは何ですか?

■最近気になっているテーマ・著者、ご意見があればお書きください

ご協力ありがとうございました。いただいたご感想を匿名で広告等に掲載させていただくことがございます。匿名での使用も希望されない場合はチェックをお願いします☑
いただいた情報を、上記の小社の目的以外に使用することはありません。

郵便はがき

料金受取人払郵便

日本橋局
承認

9358

差出有効期間
平成32年8月
31日まで

切手をお貼りになる
必要はございません。

103-8790

953

中央区日本橋小伝馬町15-18
ユニゾ小伝馬町ビル9階
総合法令出版株式会社 行

本書のご購入、ご愛読ありがとうございました。
今後の出版企画の参考とさせていただきますので、ぜひご意見をお聞かせください。

フリガナ お名前	性別 男・女	年齢 歳
ご住所 〒 TEL （ ）		
ご職業 1.学生 2.会社員·公務員 3.会社·団体役員 4.教員 5.自営業 6.主婦 7.無職 8.その他（ ）		

メールアドレスを記載下さった方から、毎月5名様に書籍1冊プレゼント！

新刊やイベントの情報などをお知らせする場合に使用させていただきます。

※書籍プレゼントご希望の方は、下記にメールアドレスと希望ジャンルをご記入ください。書籍へのご応募は1度限り、発送にはお時間をいただく場合がございます。結果は発送をもってかえさせていただきます。

希望ジャンル：☑ 自己啓発 ☑ ビジネス ☑ スピリチュアル

E-MAILアドレス ※携帯電話のメールアドレスには対応しておりません。

大麻と売春は違法であるべきか

（注・本項および次項に書かれている女子高生の性に関する話は、彼女たちにセックスを促すことを目的に書いたものではありません）

人として絶対にやってはいけない行為がある。それこそが真の愚行。すぐに思い浮かぶのは、殺人と詐欺だと思っている。後者は老人を騙す、例の振り込め詐欺だ。一方では、

大した悪行ではないのに国や県が勝手に「やるな」と決め、法律で縛っている行為、行動がある。

日本で違法になっている行為で、本当は罪にはならないか重い罪ではなく、逆に本

人のためになると思われる違法行為は、
・大麻などの比較的軽いドラッグ
・売春と、少年少女とのセックス
ぱっと浮かぶのがこれらである。ほかに高速道路での暴走ではない速度違反、というのが浮かぶが、長くなるので割愛したい。


先に大麻の話をすると、大麻を吸うと逮捕される。

だが、煙草と同様、ある程度のルールを作り、合法化したら逮捕される人はいなくなる。当たり前だ。世の中が、逮捕される人を減らすことではなく、逮捕される人を増やすことを目的としている政治的な思想、制度になっていることは、皆さんも車のネズミ捕りを見て知っているだろう。

アメリカのコロラド州で大麻が合法化されて数年。良いことづくめらしい。

まず、未成年者が大麻を吸うことがなくなった。


価値がなくなったから少年少女たちの関心が薄れたのだろう。

大麻は用法を守れば安全に吸うことができる、嗜好品になり得る証拠で、お酒と一緒。もっと詳しく言うと、万能薬なのだ。さまざまな病に効くのが大麻だ。どこかの女優が沖縄で栽培できるくらい簡単に育てられるから、大手製薬会社が困ってしまう。そう、安易に栽培できるから巨大企業や巨大団体のお金にならず、昔、アメリカで標的にされたのが大麻だった。何しろ繊維にもなるのだ。合成繊維の輸入輸出の貿易にも影響する。当初はお酒を標的にしたがそれをすぐにやめて大麻に替えた。ルーズベルト大統領である。

それから時代は移り、煙草が標的にされるようになった。煙草を淘汰《とうた》したら、恐らく、セックスかお酒の番になり、大麻が復活してくる。すでに諸外国で合法化が始まっているのだから。

私は大麻を超元気な人に売ることは励行しない。医療機関で、きちんと処方しろと言っているのだ。日本国家に感情的にケンカを売ってはいない。テロを少しでも計画したら逮捕されるらしいが、大麻を励行して逮捕されたらかなわないから、きちんと説明しておく。

大麻は特に鬱《うつ》病の類に効果があるのだ。自殺防止、ストレスの病の治療のために医療機関で処方しろ、と言っているだけだ。バイアグラと一緒だ。ストレスに効くなら、癌の予防にもなる。

日本ではストレスによる過労死、ストレスが原因の病気が急増している。その対策は、ただ抗鬱剤を渡すだけなのがほとんどで、欧米よりも遅れている。その抗鬱剤や抗不安剤がどれほどの効果があるのかというと疑問で、自殺大国のままだ。病院ではオピオイド系の医療用麻薬が使用されている。鎮痛剤の代用として。なのに、医療用大麻がダメなのはお金にならないからだと疑ってしまうが、いいのだろうか。

私の怒りは常に「人の命よりもお金」という社会に対するもので、繰り返し念を押すが、大麻を励行しているのではない。自殺を防止するために、少量の大麻を合法化すればどうかという話で、それも医師の処方箋によるものだ。この持論を聞いても「反社会的で気味の悪い奴」と思う人たちは、無知で冷酷な人間に過ぎない。

私の言いたいことは枝分かれしてしまっていてとりとめがないかもしれないが、主題を「価値」に置いたら分かりやすい。

ちょっと世の中を知っている人なら分かることだが、人が欲しがるものが法律で取り締まられていると、それをマフィアが売る。マフィア、または（日本では）暴力団が売買するのは、価値があるものである。価値があるとは希少なもののこと。ドラッグと、そうセックス。少女の価値（価格）を上げて売るわけだ。少女ばかりが目立っているが、ゲイが増えてきて少年も価値が上がっている。

分からない？　ルノワールの『イレーヌ嬢』の絵画の価値はいくらか。数十億円だ。そのような絵画が市場に溢れ回ったら価値がなくなり、売れなくなってしまう。

単純な話、国がドラッグも売春も合法化すればいいだけの問題ということだ。マフィアがそれらを売れなくなる。売春であれば、「合意があれば大人と未成年者のセックスも自由」とすれば、女子高生の価値は著しく下がり、女子高生の商売は淘汰される。または、大人のディズニーランドのような巨大行楽地を大都市の近くに建設すればいいだけだ。

ここがポイントなんだ。

価値を下げればいいだけなんだよ。

お酒を違法にしたらどうなるか。ビールは、パチンコの景品交換所のような場所で一本数千円で売られるようになるだろう。ブランデーを入手するため、あの手この手の悪事が横行してしまう。マフィア、暴力団が暗躍するし、素人もその商売に手を出すはずだ。

お酒と女子高生を置き換えれば分かるだろう。女子高生と散歩をするくらい、つまり売春とまでは行かなくても、手をつないでデートするだけでも、お金を払う男もいるという。しかし本来、手をつなぐくらいは無料の価値しかない。少女のヌード雑誌が平気で売られていた時代に、手をつなぐだけの商売が存在しただろうか。

少女のヌードの善悪についてここでは語らないが、今の時代は、ただ手をつなぐだけの行為に価値を持たせてしまった。手をつないだ散歩のあとに、セックスという付加価値も付けるのだろう。むしろ女子高生の価値をどんどん高くしていっているではないか。手をつなぐだけで数万円なら、そう、セックスなら数十万円の価値となってしまう。

意識的にそうしている世の中だと解釈したい。その結果、その商売が出来上がってしまい、逮捕者は増え、女子高生は補導される。補導を逃れても金銭を得て、それをくだらないことに使う。総じてブランド品を買うかカラオケで遊ぶのだろう。

価値がなくなれば別の価値のあるものを探すかもしれないが、セックスの場合はお金の価値がなくてもやりたいものだ。女性の場合は、裸体を見せることに価値を感じるからである。孤独な少女もセックスは好きだ。また、セックスは本能に起因しているから、合意のセックスを止めるのは奇妙とも言える。

それに、縛られるのが嫌な思春期は、自由（セックスは親から見えないから自由度が高い）を見つけると興味を示してしまう。日本では、大人が女子高生とセックスをしてはいけないどころか、最近では水着の撮影やお散歩という商売も徹底的に規制し、主催者を逮捕している。親御さんにしては大賛成の規制だが、少女たちは逆に目を付ける。特に友人やボーイフレンドに恵まれない少女は、常に自由な行為に目を付けるものだ。そして逮捕されるのは大人だ。未成年の自分たちは補導だけ、という安心感もある。

自由な行為に、その上価値があると知ったらもう止められない。

親が貧乏なら尚更だ。貧乏な家庭の子供でも真面目に育ち、生活しているものだが、それは幸運だったとも言える。親だけではなく、友人にも恵まれたのだ。

正直に言うと、ブスの女の子でも素人なら価値が高くなるから、援助交際で稼げる。素人の女子高生、女子中学生がセックスを一回すれば数万円を手にできる。若い体に一回数万円もの価値があったら楽に稼ぐ癖がついてしまう。

『乱交の文化史』（日本語訳版／バーゴ・パートリッジ著、山本規雄訳、作品社）という本にも、昔からある愚行として指摘されている。ある時代、十二歳から売春をして簡単に稼げるから、女の子たちが男を逆レイプしているほどの状況だった、と。少女たちが、もう精力がなくなったか疲れている男たちの上に、強引にまたがっていたという意味だ。

お金にならなければ、秋葉原でおじさんとの散歩のバイトもしないでしょうに。

しかし、そうは絶対にならないから、お金がない女の子たちはセックスで稼ぐという最終手段をポケットにしまった状況になっているのだ。「私の体には高い価値がある。売れる」と分かっているのだ。国が「そうだよ」と答えているのだから。規制を強化することによってマフィアが女子高生の価格を上げ、女子高生は自分の体に高い価値があると分かり、その商売に食いつく社会システムとも言える。後に紹介する映画『イコライザー』では、マフィアがコールガールのことを「少女」と言っていた。「処女みたいで価値が高い」と。

　昔はブルセラショップが大流行をして、女子高生が盛んに下着を売っていたものだ。新品より価格が高くても売れるのだ。それもその古くて汚いパンツの価値を下げればその商売はなくなるだけの問題という理屈だが、理屈と言うか、とても簡単な話だ。

　パンツを売る程度で無事に済めば若気の至りでいいが、その店でビデオを撮影し、ＡＶ業界に流れた女の子も多かった。マフィア、暴力団を放置することによって彼女たちがお金を得ていることは、皆知らないのか黙認しているのかだが、それを「偽善」と言うのだ。

　特に女性がそうだ。若い女の子に敵意剥《む》き出しでセックスの規制に大賛成するのだが、その結果、性犯罪が増えても知らん顔をしているのが大人の女の特徴。ひょっとしたら、知らん顔をしているのではなく、本当に知らないのかもしれないが、もし世の中の仕組みを知らないなら、そんな頭の弱い女に選挙権があるのも奇妙と言える。

女子高生を無価値にすれば、体を使おうとする彼女たちは労働するはずだ。マクドナルドのバイトを頑張るかもしれないし、もしセックスの売春をしても価値があまりなければ数をこなさないといけないから、労働することの意味も知るはずだ。疲れてしまってやめる確率のほうが高い。だから女子高生を無価値にして売春的な行為をやめさせればいいではないか、と繰り返し、私は言っているのだ。

もしかすると、セックスで稼いだお金を被災者に寄付するかもしれない。タイの女たちが、セックスで稼いだお金を親に仕送りしているように。

ＡＶの売れない女優は労働の厳しさを知っているから、良い会社に勤めて銀座でランチを楽しんでいるＯＬよりも目の奥に哀しみと知性を光らせている。少しばかり力のない蝋燭《ろうそく》の火の光だ。

タイにもそんな少女がいっぱいいいる。それを一人か二人、救いたいのが私だ。

私は偽善者ではない。「皆を救いたい」とは絶対に言わない。

彼女たちの蝋燭の火をしっかりとした炎にしてあげて、二十五歳までには楽にさせたいという夢がある。私の体は一つだから、本に書いて国を変えるしかないがね。

私の主張が実現すれば、若い女の子のすべてのセックスが、恋愛かそれに似た金銭の絡まない行為になることもあり得る。百人の女の子全員はそうはならないが、それは殺人者を「ゼロ」にするのが不可能なのと一緒だ。

何から何まで「ゼロ」にするために動くから、世の中は失敗者と犠牲者を増やしている。

そのことを皆さんは知っていると思う。

なお、セックスには妊娠と性病が付きまとうが、その話は別問題として複雑なので、ここでは言及は避けている。ご理解いただきたい。

本当の悪が何かを判断する

前項を呼んだ読者からどんな文句があるかは分かっている。

「女子高生は未成年だからダメなんだ」

しかし、突然成人を十二歳以上にすると法律が変わったら、その偽善的かつ浅はかな発言は消えていくものだ。十七歳十一カ月三十一日までは恋愛のないセックスをしたらダメで、十八歳になった午前零時を一秒回ったところでＡＶデビューの契約をするが、それはどうなのか。そのたったの一秒で彼女たちは売春的な仕事も許される。その境界線に何が潜んでいるのか。

中学生からは大人として扱うべきだ。

なぜかって？　人を殺しているし、セックスもしているからだ。当たり前でしょう。

殺人をして、刑事責任を問われるようになるのは14歳からだ。処女喪失も中学生からだ。

「心が大人になっていない」って？

それは教育が悪い。「お前はまだ子供」と言い続けるようになったのはいつからか知っていますか。二十歳になったかわいい女子にも言う。「美少女」と。

念のために言うが、私は高校生を「子供」と思ったことがないから、こういう持論になるという部分はある。私自身が自分の「生きる道」を決めたのが中学生のときだったからである。だから、中学生からは大人と同じ扱いにしてほしいと思ってやまない。もしくは、「大人になったかどうかの試験」を中学生に対して行ってほしいものだ。

未成年の共通概念がなくなったら、自己責任ですべては動くようになる。

そう、私は、法律で規制して価値を高めてしまうことで逆に問題になってしまうのであれば、すべて自己責任にすればいいと言っているのである。

先に述べたように、世の中で愚行とされていることでも、実は愚かではないこともある。自己責任で行えば誰にも迷惑は掛けないものだ。迷惑が掛かったら、それは失敗しただけのことで、誰にでも失敗はある。ただし、その失敗が命に関わるのであれば、それは絶対にやってはいけないことだ。

山奥でヌード撮影をしていたら、たまたま登山者に見つかって通報されたとして、それはただの失敗。または運が悪かっただけであり、ヌード撮影は悪行ではない。だが、隠蔽《いんぺい》のためにその登山者を殺したら失敗ではなく凶悪ということになる。

大麻の話で言うと、大麻を吸い過ぎて死んだらそれは自己責任ということだし、吸い過ぎないように販売すればいいのだろう。「買っては量を増やしていき、一気に吸って死んだらどうするのか」と、また反対派は言うのだろうが、それならビールを箱ごと買うのも一緒ではないか。ブランデーを一本、一気飲みをして死ぬ人間が年間どれくらいいるか分からないが、それらは仕方のないこととされているはずだ。騒がれないのだから。

すべてを自己責任としたほうが断然、世の中は美しく淘汰されていき、安全になるはずだ。セックスも同じと思っていただきたい。何でも自己責任にすれば真の悪者が逮捕されて、とても美しい国となる。

ところが反対派が巨大でそれができない。

とにかく「偽善」「偽善」のオンパレードで世の中は回っていて、偽善とはとてもお金になるのだ。ある元アイドルが慈善活動を盛んにしながら豪邸に住んでいるが、それはアイドル時代のギャラで稼いだものだろうか、という話だ。慈善活動をしながら豪邸だ。「子供たちのために寄付をお願いします」と訴えて豪邸だ。

偽善的な行為によってモラリストが金を稼ぎ、未成年や疲れている人たちが犠牲になるのがお決まりの世界になっている。

フェミニズムにしても、始まりはまっとうな思想だったが、今や（大人の）モテない女たちが、アイドルのビキニのグラビアに激怒しているだけの、醜い嫉妬心から生まれた思想になり下がった。「ビキニになるのは嫌だった」とカミングアウトするアイドルもいて、大人の男たちが叩かれるが、アイドルの歴史上、水着にならない仕事など皆無に等しい。そのアイドルは相当なわがままを口にしたと言える。

ケーキが大好きでケーキ屋さんに勤めているのに、「イチゴが嫌いだからイチゴのショートケーキは売りたくない」とか、プロ野球選手を目指してプロになったのに、「木製バットが許せない」と言っているようなものである。そんな人間は男女ともに滅多にいないが、なぜか水着やヌードとなると、それを口にするフェミニズムを抱いた女が出てくる。

どんな仕事もパーフェクトに楽しいはずはない。その中で、女性の色気を使った仕事だけが、後に「悪かった」と叩かれる。無理強いされたアイドルもいるのだろう。「そんなに小さい水着になるんですか」と。

そこに、「自分はビッグなアイドルだからよ」という意識が隠れていることもある。私もカメラマンの経験があるからその偉そうなプライドのことはよく知っている。周囲にしてみれば、「君の実績と実力で、誰がパジャマと洋服ばかりの写真集を買うのか。石田《いしだ》ゆり子さんのような全国区の女優さんなのか」ということだ。

もちろん、自己責任にすればすべての悪徳を「ゼロ」にできるとは言わないが、毎日のように起こる事件を減らすことはできるはずだ。

高速道路では安全性能と走行性能（パワー）に適合した車のみ、速度無制限にすればよい。フロントガラスに貼ってある車検のシールをＥＴＣゲートで認識させることなんて簡単で、ＥＴＣゲートで極端に古い車と軽自動車を入れなくすれば事故は激減するはずだ。

それは差別だって？

なぜ、走行中に脱輪したり、火を噴くかもしれない車を高速道路に入れているのか、逆に質問したい。ベンツのＣクラスは時速百五十キロでも何のストレスもないくらい安定して走行できるのに、速度違反で免停になるのではストレスでドライブも楽しくない。皆、それは分かっていると思う。極端に古い車や軽自動車で爆走している人たちが凶悪なので、そちら側を規制するべきなのだ。


何事も、物事を見極め、本当の悪徳を規制し、実は悪徳ではないことは規制するべきではないのである。

アウトバーンを楽に走るドイツ車で、高速道路を時速百五十キロで走るのは悪徳ではないが、免停になってしまう。「この国では悪徳」というなら売っていることが矛盾している。そうではないか。まさかドイツ車にリミッターを付けて売っているのか。女子高生の援助交際などどうでもよく（私から見たら女子高生は子供じゃないから）、女子小学生がどこかの組織に売られていたら、そこは凶悪なのだからミサイルをぶち込めばいい……というのは冗談にならないが、理屈としては、スピード違反も売春もゼロにはならないのだから、凶悪な部分だけを徹底的に規制して、さして悪徳ではない、つまり自己責任で済ませられる部分は放置すればいいのである。

自己責任で判断していい行為と、法律で規制される行為が矛盾して混在しているのがこの世の中だ。

AV女優のカメラの前の中出しセックスは良くて、それは複雑なシステムでそうなっているのだが、吉原を代表とされるソープでもデリヘルでも、安易に売春は行われているのに、実は犯罪という世の中の摩訶《まか》不思議。

出会い系サイトで知り合った女子が、高級な寿司を男に御馳走になったあと、LINEをブロックしても罪にはならない。もしセックスをしてさらに五万を請求して、やはりそのあと消えれば完全な売春だが罪に問われない。そうなら、それらを完全にモラルとすればいい。

「美女の食い逃げは道徳」

それによってブロックされる確率が上がることになり、男たちは美女に高級な寿司を奢らない、というウルトラCができる。顔だけで厚顔無恥だった美女たちは死滅。顔も良く心も美しい女子と、少し不美人だが心が美しい女子の時代になる。

どこかの本に書いたが、東京オリンピックのために、歌舞伎町の風俗店を一掃するらしい。それによってお金がなくて困っている若い女性たちが路頭に迷ってしまうが、国も東京都も知らん顔をしている。もちろん、消えた風俗嬢が日本からいなくなるわけではない。ほかの県に行く。

繰り返すがそれを「偽善」と言うのだ。よくいる恵まれた偽善面の女なら、「きちんと働けばいいんだ。私は普通の会社で働いている」と怒ると思うが、彼女たちはきちんと働くことができないから、風俗にいるのだ。

事務的な仕事がまっとうで風俗店で接客するのが不道徳というのも、差別意識剥き出しの感情である。

それを察した人権団体「アムネスティ」が総会を開き、「売春を合法化するべき」と賛成多数で可決した。「そんな団体、怪しくて信じられない」と思ったでしょう。アムネスティは世界最大の人権団体である。この可決に世界中がびっくりしたものだ。可決した理由は前述した通り、「マフィアとのイタチごっこ」「売春婦が差別、軽蔑されている」だった。

分かっている人たちは分かっている。あるハリウッド女優が「アムネスティは女性差別主義だ」と怒っていた。裕福に暮らしている大富豪が何を言うのか。借金を背負っている女の子の気持ちが分かるのか。

また、これもどこかの本に書いたが、

「私の体は私のもの」

という名言を知っているだろうか。フランスの売春婦たちの怒りだ。フランス政府が売春を禁止することを発表したとき、「なんで国に私の体を規制されないといけないのか」と怒ったのである。反論の極論は、「そんな理屈を通したら、人を殴るのも殺すのも自分の勝手」となってしまう。そう、まったくその通りで、勝手でいいのだ。

その凶悪犯罪だけを逮捕すればいいのである。

子供を廃人に育て上げる世の中

子供がNintendo Switchやスマホのゲームに夢中になり、廃人寸前という話をよく耳にする。

学校に行かなくなり、部屋にこもってゲームをしている。カードゲーム、高価なソフトを使ったゲーム、スマホのアプリを使ったゲーム。ある少年を更生させる番組でも、カードゲームを使い、コミュニケーションを取っていた。

ではゲームがなければどうだったか。ゲームが存在するから、人とのコミュニケーションが取れずに、生活が破綻《はたん》していくのではないか。

そもそも、これほどまでに中毒性、依存性があるものを子供に与えて知らんぷりをしている世の中の偽善たるや、失笑してしまうくらいだが、それが私の研究分野。笑っていないで続きを言いたい。

スマホのゲームは、ポルノと同じく「R指定」にしないといけない。

当たり前過ぎて、どう書いたらいいのかも分からない。

ちょっとセックスシーンがある映画がR指定にされるように、依存性が高いゲームは当然、未成年にやらせてはいけないのだ。だが、金のために大人たちはそれを黙殺する。任天堂は、「ゲームの依存症はわれわれのゲームソフトとは因果関係がない」と、公然と言い放った。

ゲームのほかにも、黙殺されている害悪は世の中にたくさんある。すべては金のため。それによって子供が廃人同然になっても構わなくて、「親の責任」と言って憚《はばか》らない。

話は飛躍するが、今の若者は正直、「大人の体を持った子供」だ。

人との会話の仕方すら知らないのだ。礼儀も知らない。それはゲームばかりしていたからにほかならない。理由を探そうにも、ほかに原因が見つからない。

三十歳近くにもなる大の男が、深夜の二時にメールをスマホにしてくる。人を深夜に叩き起こすものだ。友達でもない。彼女でもない。親でもない。ただの知り合いの赤の他人だ。または仕事の相手である。

まず、そんなことをして許されている時代が狂っているのだが、すると、「昔が厳し過ぎた」と、まったく反省しない戯言《ざれごと》を言うから開いた口が塞がらない。

二十一世紀は、「便利」になっただけで、人は昔のほうが優秀だった。

男は強く、知性的で、そして大人だった。冷静だった。よく働いた。

もちろん、暴力の歴史は過去のほうが断然多い。では、はっきりとした持論では、ベトナム戦争が終わったあとから二〇〇〇年くらいまでがベストだったと言いたい。アメリカでは。日本では、戦後しばらくしてからバブルに入る前までがベストの時代。双方、暴力（殺人・レイプ・ＤＶ）が減少した時期だ。その後、テロとの戦いが勃発し、格差はますます増大。人たちはなぜか軽薄になった。恐らく、いったん上がったＩＱが下がったのだ。便利なものとゲームの影響で。読書をする大学生が二割程度というから、当然とも言える。

今はコスパ至上主義、合理主義、堕落指向、恋愛依存……。

「楽に生きたい」「楽しくなりたい」「仕事はしたくない」と言っていられるのは、戦争がないからで、長生きしている親が守ってくれているからで、ニートになったらどこかの善人が更生させてくれる（構ってくれる）からだ。努力をしたくないのは、努力して負けるのが怖いから。

何もかもゲームの世界に悪影響を受けている。負けたらやり直しがきかない現実から逃げているのだ。ゲームなら初期化してしまえばいいからだ。

例えば将棋の世界のように、ゲームも人との対戦では、礼儀が重要で、日本語も正しく覚えなければならず、所作も勉強しなければならない、というのならともかく、大人とゲームをやる前に「よろしくお願いします」と正座で下座に座る子供がいるのか。

いるはずがない。

そのように、盆と正月が一緒にやってきたような生活を毎日送っている子供がどうやったら大人になるのか、と問われても、「不可能です」としか言えない。「目が悪くなるからゲームはやーめた」という少年少女くらいにしか期待できない。

ちなみに私がそう。今は視力は落ちたが、当時、写真やゴルフをやりたくてゲームをすぐにやめた。当時は何が流行っていたのだろうか。友人たちは、毎日ゲームをしていたものだ。

巨大企業と国が子供を廃人にしている。

それが黙認されている。しかも、堂々と。

金のために愚行を繰り返す国

前項に続く話だ。

国は児童ポルノ禁止法で子供を守っているフリをして、別の大問題は放置だ。児童ポルノは政治家や官僚のお金にならないのだろう。

繰り返し言うが、資本主義社会は大戦を食い止めているが、お金が愛を凌駕《りょうが》してしまった。

ロック歌手、故デヴィッド・ボウイを知らない人はあまりいないと思う。若者は知らないかもしれないが、彼の息子が映画監督で『ミッション：8ミニッツ』という名作を作っている。

そのデヴィッド・ボウイの歌にこんな歌詞が出てくる。

「アメリカの苦悩はミッキーマウスで子牛を太らせて……」

意味はもちろん、ディズニーで稼いで、マクドナルドやステーキのために牛をたくさん育てて、人が病的に太ってしまったということだ。

それをやったのはアメリカという巨大な合衆国だ。

本書に出てくる私が勧める愚権の行使は、親しい人に認められることや、恋人となら合意の行為、個人がこっそりとやることに限定されている。他人を巻き込んではいけないのだ。それが分からなければ話にならない。分からない人は本書を読まないほうがいいだろう。

政治家が勝手に法案を作り、それに国民のほとんどが拒絶反応を示している。嫌がる大衆に対する強権である。これが「他人を巻き込んではいけない」という意味。政治家は愚かだ。

また、大きな団体や企業が金のために偽善的なことをしている。これも愚行だが、気づいた人が少ないと「怪しい」と思われながらもずっと放置されているものだ。

先日、夜の二時から、お昼まで寝ていた。緊急地震速報に叩き起こされた。不規則な生活が祟ったのか気分が悪くなり、家族が、「寝ていていいよ」とメールをしてきた。どこにいたのかというと、車の中で寝ていた。車の中が私の癒し空間で、場所はホテルの駐車場だった。助手席には誰もいないか、美しい女がいるか、ということだ。

一見すると自由人でかっこいいが、そんな趣味も、他人に大きな迷惑を掛ける場合は慎まないとダメだ。私の趣味は車の運転だが、七十歳になったら免許を返上するかもしれない。車が大好きだから、七十歳になったら自分で検査を徹底的にやり、体力に問題があったら返上をする。

ある知人が免許の更新に行ったら、そこに老人も来ていて、視力が落ちていて検査になかなか受からないのに免許を受け取っていたそうだ。

それが国が行っている金のための愚行。

軽自動車を売り、それによって車にかかる各種税金を取りたいのだ。その視力の悪い老人が車に乗って事故を起こし、それが児童の列に突っ込むことになったとしても、国は金のために見て見ぬフリだ。最新の安全装置が搭載された車を売るための政策を徹底すれば、多くの子供の命が助かる。違うか？　なぜそれができないのか。世界一、自動車関連の税金が高いといわれている日本。その不合理を少しでも取り払えばいいのではないか。

アメリカが銃規制をしないのと似ている。そちらは分かりやすいが、老人の暴走車が子供たちを殺すのは分かりにくい。だから国はそれを重要視せず、大衆も事故が起きたときしか騒がない。マスメディアは、すぐに芸能人やスポーツ選手のスキャンダルに話題を切り替える。ずっと、壁の下敷きになった大阪の少女の問題をやっていればいいのだ。被害者の家族の迷惑にならないようにだが……。

人間は金のためにしか動かない。愛なんかほとんどないと思ってもらいたい。

地獄を見てきた男女が、警戒しながら近寄って、ようやく愛を知る、それくらいしか本当の愛はない。汚い世の中で、わずかな純粋さ、純愛、微笑み、幸せを見つけるのがまともな人間の楽しみになっている。まともな人間とは、「世の中は本当に汚いな。偽善だらけだ」と分かっている頭の良い人たちのことを言うのだ。

今日、京王線に乗っていたら、真っ黒な盲導犬がいた。種類は分からないが、「かわいいな。大人しくて偉いな」と、私は久しぶりに素直な笑みをこぼした。作り笑いではない笑みだ。「なでたいな。抱きしめたいな」と。

ひょっとすると一カ月に一回くらいしかない、人の優しさや美しさとの出会い。動物の純粋さと花々や新緑の美しさ。

皆、それを見たくて生きているのではないか。

皆、毎日が辛いのではないか。

本当の愛や純粋に餓えているのではないか。

巨大な企業と国が金のために、あなたの子供を廃人にしている。

まとまりのない話になった。

では、最新、最先端が大好きな人たちよ。

これでも、この時代は優秀なのか。

お金が神のようにトップに君臨する限り、人間の精神はこれ以上進化しない。

あなたの傷は社会につけられたもの

本章をここまで読めば、感じてもらえることがあると思う。
そう、あなたに傷をつけたのは、親でもない。恋人でもない。
親に虐待を受けた。親が消えた。学校で虐《いじ》められた。それはなぜか。
そんな不運なことや悪意の塊の人間が偶然、あなたの周りに集まるのか。
違うんだ。

あなたを傷つけているのは社会、または国家だ。

この社会は、器用な人間や姑息な人間を特に優遇する。権力者の下僕のような連中を大いに優遇する。それができない不器用な人間、偽善を見抜く人間は、精神が不安定になるのだ。そしてあなたを傷つけてしまう。

序説を終えて、話を具体的にしていく。

前述のコロラド州の大麻合法化では、大麻の栽培ももちろんＯＫになったから、それをビジネスとする企業が雇用を始め、労働者がたくさん増えた。

「大麻」と聞いただけで眉間に皺を入れ、「あり得ない。バカな国だ」と佞姦《ねいかん》に笑う男たちをいっぱい見てきた。テレビでも見かける。正直、彼らは日本の権力者の顔色と大衆という権力者たちの顔色をうかがって、そう喋る。そして、それをビジネスとしていて疲れていない。

疲れていない人間はとても規制が好きだ。道徳主義でもある。道徳的なのは良いことで、実は私も普段は「優しい男性」と絶賛されている。しかし、主義になっては迷惑だ。主義とは主張し、押し付けることで、思想のことである。

疲れていない人間には、突き抜ける快楽はきっと必要ない。われわれ、疲労困憊《こんぱい》の「嘘」を吐けない人間と、世の中のモラルや偽善に歯向かえない人間は、何かしらの「大きな快楽」が必要になる。その快楽のほとんどは国に規制されているか、得づらくなっている。または、「自称、真面目な僕」たちにバカにされるものだ。

本書の最終章で行使すべき愚権や、求めるべき快楽を述べていくが、そこでは南の島に行くことも書いている。しかし、外国の南の島に移住をするにしても、お金持ちは日本に税金を納めてから行け、と最近、安倍が決めた。

一般人がシーズン中に沖縄に行きたくても、飛行機代は倍額に跳ね上がる。しかし、サラリーマンの連休はそこしかない。逆にストレスだ。ゴールデンウィークなどトラップになっている。家族のために頑張ったお父さんが、旅行で疲れて帰宅。さほど疲れていない主婦の妻が、「家事をやって」と言ったら、夫が怒ってＤＶ。または子供が泣いてしまう。それが子供のトラウマになったとして、それはお父さんとお母さんのせいだろうか。

人の過去の傷の大半は、社会（国）に付けられたものだ。

学校のイジメがなくならないのは大人の責任で、大人が励行しているとも言えるくらい放置されている。こんなに重大な問題はないのに、少年少女たちに、「イジメで自殺をさせたら、国が許さんよ」とプレッシャーを掛ける様子がまだない。警察官が学校を巡回すればいいではないか。警察官が校舎の中をウロウロしていたら、学校内でのイジメはなくなる。

そんな暇はない？

物陰に隠れて交通違反の取り締まりをする暇はあるのに？

芸能界を見ても分かるように、大人の世界のイジメは「よし」となっている時点で子供たちが言うことを聞くはずもないのだ。ネットは芸能人の中傷をストーカー的に繰り返し、それを正当化し、商売にしている者たちもいっぱいいる。それを見た少年少女には、学校でクラスメイトを中傷して何が悪いのかという単純な理屈が生まれてしまう。少年少女からそう難詰されれば、教師たちは言い返す言葉を失うだろう。

少年法の年齢をもっと引き下げることも有効だが、反対派がうるさい。躾《しつけ》のための暴力も違法になった。暴力がダメなら、イジメに加担した生徒を土下座させて髪の毛でも切ってしまえばいいが、それすらも犯罪になった。だから、凶悪な少年たちはやりたい放題だ。やりたい放題にさせているのは国だ。だから、イジメを励行しているんじゃないか、と極端な暴言も吐けるのだ。

私が中学生のとき、同じクラスにヤクザの父親を持った番長のような生徒がいた。

授業中、女の子のお尻を触っても、大きな声を出しても、男の子を殴っても、黒板と反対側を向いていても教師は何も言わなかった。ところが、体育の教師は不良上がりの「ケンカ上等」という男だったので、ヤクザの息子はその教師の授業を怖がっていた。その教師は彼に向かってチョークを投げ、靴で頭を殴り、クールな顔をして授業を続けていた。

今の時代、それができない。もっとも、昔にもそれほど度胸のある男気と正義感がある教師が大勢いたわけではないが、二十一世紀は凶悪、卑怯な少年少女をどうすることもできなく、虐められる子供たちの犠牲者は増える。

違うか？

綺麗ごとばかり言っている人たちは、少しは考えたらどうか。

私がもし若くて、教師になるとしたら、イジメをやっている生徒に体で痛みを教え（話し合ってもダメだったり、虐められている生徒が自殺してしまう状況だったりしたら）、それでクビになったらアメリカのコロラド州かオランダに行く。そこで美女と大麻でも吸いながら、「ふざけんな」と言って笑うしかない。私は実はお酒も煙草も苦手だから、体に入れられて気持ち良くなる嗜好品が日本には何もないのだ。何たる不幸か。

そう、

正しいことをして責められたら、人は快楽に傾いてしまうのだ。

その快楽を、万人受けする趣味から得られる人は、「幸運」に過ぎない。

私のボルダリングは辛うじてそれに準じている。ボルダリングと出会わなければ、今頃は体に合う酒か抗鬱剤を探して歩いていたと思う。そのボルダリングにしても、ジムによっては気分の悪くなる所もあって、プロ級のレベルを目指している男女が集まるジムだと、ストレス発散のために遊びに来ている人は逆にストレスになるものだ。ゴルフで下手な男が、シングルの男と回るのと一緒。

あなたがコロラド州に観光に行きたくなった。景色も見たいが大麻も気楽に吸いたいとして、それはなぜか。

そう、疲れているのだ。

脳の構造上、疲労が蓄積されたり、極度のストレスを与えられるとそれを避けようとする意識が働く。しかし、道徳主義者が多く法に厳しい日本では、それを許さない。

あなたが女子高生とお散歩デートをしたとしよう。

あなたは疲れているか傷ついているのだ。

そして逮捕されるか、余計に疲れて死んでいく。

(売春をしなければ、それほど)悪い行為ではないのに。

もっと凶悪な奴や密かに悪事を働いている人間はごまんといるのに、女子高生と手をつないだだけで逮捕されて人生は終わる。私は悪魔のような人間が成功してきたのを見てきた。彼らは逮捕されない。女子校生と手をつないだだけの男は、悪魔ではないのに逮捕される。ほかにも、些細《ささい》なことで人生が終わるシステムになっている国だ。

ところが、覚せい剤で逮捕された人間やネットビジネスで間接的に多くの人を地獄に堕としてきた人間は、何度も浮上してくる。

大麻の事例では現実味がない国だから、どうしても「女子高生」となってしまうが、「アイドルが好きだ」と言っただけで軽蔑される国だから分かりやすいと思われる。それらを叩いている連中は、とても楽しそうだ。アイドルが好きだと公言したおじさんの著名人、芸能人を「ロリコン」と叩く人たちはとても快活にネットに書き込みをしているだろう。そんな中傷も暇潰しの娯楽に過ぎない。そしてその中傷は罪にならなくて、しかし、中傷された人たちはストレスで寿命を縮めている。どうだ。この不条理。

「輿論《よろん》は常に私刑であり、私刑は又常に娯楽である」（芥川龍之介《あくたがわりゅうのすけ》）

一方、世間に叩かれることを承知で、性的指向をカミングアウトする人たちは、総じて疲れているか過去に傷があるものだ。

「疲れているからって女子高生と散歩をしたり大麻を吸いに行ったりする奴はバカだ」という声が壁から聞こえてきた。そう、それらは一見すると愚行である。大衆が嫌うことは愚行なのだが、それは大衆の判断で、本当は愚行かどうかは分からないものだ。

善悪の判断、区別など時代や国によって違うのだ。

戦争が正しい時代もあった。
大世間様の言う通り愚行だとして、しかし、逮捕されるほどでもない。気楽な連中に叩かれるいわれもない。

愚かになることにも権利がある。

特権だ。
正義感が強く、偽善者ではなく、懸命に労働した人。そして少年少女時代に傷がある人の特権だ。その特権を本書では「愚権」と言う。

あなたの愚権を咎《とが》める人間は、きっと気楽に生きているのだ。

その人間とは縁を切り、マイノリティの仲間を見つけるかひっそりと楽しむ方法を考えるのだ。

応援している。疲れているあなたが快楽に走ることを。

第3章

「愚行」と「愚権」の間

「快楽主義」の哲学とすすめ

さて、話は愚行を繰り返す国民、社会、国家の考察から、疲れている男が行使すべき愚権とは何か、となる。では、愚行と愚権の線引きはどこになるのか。本章ではそれを考えてみたい。

正しい愚権の在り方を考える上で、大いに参考になるのが「快楽主義」「個人主義」だ。まずはそれを考えてみてほしい。努力する男が自分を変える必要はない。自分が楽しいと思うことを第一に考えればいい、という話だ。

スティーヴン・スピルバーグの傑作映画『シンドラーのリスト』を観たことがある人はいるでしょう。主人公の実在した人物、オスカー・シンドラーは、多くのユダヤ人をナチス・ドイツから救ったことで歴史に名を残したが、「反ナチス」でもなければ、「ユダヤ人を救う」などの正義の味方のような信念もなく、ただの快楽主義者だった。

お金を稼ぎ、事業を成功させるために奔走《ほんそう》していたのだ。女も好きでプレイボーイ。ユダヤ人の女性にキスをしたことで牢屋に一時、閉じ込められたが、シンドラーから賄賂《わいろ》を受け取っていた、ナチス収容所所長のアーモン・ゲート（戦後に処刑）に助けられる。

シンドラーは、もともとは善人ではなかった。

あなたたちが嫌う「快楽主義者」だ。

話は少しばかり、人物論になる。

時代背景を考えてみれば、シンドラーの行為が当時のドイツ人の心理ではあり得ないものだったことが分かる。例えば、アメリカ大陸に渡った欧州の男たちがネイティブアメリカンの女性に優しくしたことは恐らくないだろうし、ルワンダのジェノサイドでも、フツ族の男たちがツチ族の女性の手を優しく握ってもいないだろうし、オスマントルコのアルメニア人に対する愚行も然《しか》り。

第二次世界大戦における日本とアメリカでは、アメリカ人は日本の本土に上陸していない。沖縄上陸も、憎悪が剥き出しのジェノサイドではなかったから、それだけでは判断しかねるが、戦争とはそういうものだ（原爆投下はジェノサイドだが、一撃必殺のため、ホロコーストと比べると、実行する側の実感が希薄）。

つまり、オスカー・シンドラーという男は、本質として「個人主義」。私がYouTubeで女優の浅川稚広さんと個人主義について語っているが、シンドラーは、目の前に現れた才能のある人、美女、頑張っている人に手を差し伸べていた男だ。アーモン・ゲートが「ユダヤ人はネズミ」と言うシーンがあるが、ナチス党員が持つそんな観念は、シンドラーにはなかった。

個人主義と快楽志向は密接に繋がりがあり、「とりあえず自分が楽しければいいや」とまずは思う。一人で楽しむことはできないから目の前の人間を見て、シンドラーの場合、ユダヤ人でも美女ならキスをするし、優秀なら秘書に雇う。男でも才能があったら雇う。会計士として雇った男に盛んに乾杯をさせるように、楽しいことが大好きだった。

やがてそれができなくなるほど戦争が激しくなり、アウシュビッツにユダヤ人が送られるようになると、私財を使い、自分が見える範囲、手の届く範囲のユダヤ人を救った。

彼は最後に酒とセックスの愚かな行為を後悔していたが、その性格が、ユダヤ人を差別せず、彼らを救う結果になった。なぜなら、多くの人を救おうとする行為、多くの人が神格化したがるような行動は、それにお金が必要なことが分かると行き詰まり、俗に言うと「寄付をして」と結局、他人を巻き込む。

思想となると、救えない人たちを苦しめている国や組織を攻撃したくなってくる。それが戦争。つまり、個人を見て、一人ひとりを助ける程度の行動と考え方が最良だ。世界中の困っている子供たちを助けるための活動を積極的にしている人間ほど、歴史に名を残すことを目的とした偽善者で、全財産を投げ打ってはいない。そればかりか、庶民から寄付金を募って、サボっているか豪邸に住んでいる人間もいる。

よく言っているが、街角で募金箱を持って立っていても、募金箱の中身は数百円のときもある。だったらその立っている時間にバイトでもしていればいいという持論だ。本書のテーマは、疲れた人間が愚行に走ってストレスを発散することを励行するもので、時間を無駄使いしている人間がさらに愚かになっていては、社会が進歩しない。助けられる人も助けられないではないか。

シンドラーは歴史に名を残す気など毛頭なかったはずだ。個人主義で、そして快楽志向でセックスは大好きで、商魂はたくましく、そのお金で多くのユダヤ人の命を救った。

快楽主義者を軽蔑している皆さん。「快楽」というと、快楽殺人のイメージが強過ぎますか？

人間は、深いんですよ。

東京湾の表面は汚く見えても、海底は綺麗かもしれない。

ピカソに愛人が大勢いたことで、それを揶揄《やゆ》する道徳主義者がいるが、シンドラーもそうで、結婚も失敗している。その何が悪いのか。何が恥ずかしいのか。結婚など二組に一組が失敗している。

『シンドラーのリスト』のＤＶＤの特典映像に、シンドラーに命を救われた当時の生き証人たちが登場するが、「彼は賄賂を使い、闇取引をしてわれわれを救った」と語っている。それでも正義の英雄である。

このように、私はシンドラーに深く感銘し、同胞のような感覚に浸るが、平和なこの日本でも、どこかのお金持ちが弱者を救うために金をばらまいていることもある。しかし、その行為がバレれば、その男は罰せられるか、法に触れていなかったらそれでベターなはずなのに、大衆からリンチの社会的制裁を受ける。

大世間様も快楽主義に徹しているように見える。

要は「お金」と「セックス」に激高する快楽だ。仲間も多く楽しいだろう。

私はタイの繁華街の外れで、ノラ猫と話をしている少女を見かけた。しかも夜だ。年齢は十二歳から十六歳。痩せているから分からない。完全に、ノイローゼか、孤独死が見えている少女だ。

俺がお金持ちだったら助けてあげたい。だけど、タイの女性たちの性格なら、「だったらセックスをします」と言うだろう。

私は途方に暮れた。これ以上は言うつもりはない。何を言っても、屁理屈の反論を受けてしまう。

ならば、映画『シンドラーのリスト』の前半におけるシンドラーも軽蔑してほしいものだ。セックスをやり過ぎたのか、女と揉《も》めているシーンも出てくる。しかし、あなたたちは結果が良ければ水に流すのではないか。最初は軽蔑しながらも、ラストシーンが近づくに連れて感動するのなら、あなたは相当な偽善者である。

映画の中でユダヤ人を無意味に淡々と殺すアーモン・ゲートに対するシンドラーの説教も、「人殺しはいけない」という道徳的なお話ではなく、「人を殺す正当な理由があるときに殺さないこと」が力だという話だった。つまり，人を殺すことではなく、「自制心」こそが力だということだ。ユダヤ人を守るための説法ではなく、「権力者持論」を展開していた。自分がそうだと言いたいのかもしれない。権力は同じく力のある奴や部下に行使するもので、その辺にいる何の力もない弱者を相手に使っても、「それは力ではない」とは的を射ている。しかし、アーモン・ゲートは殺人をやめなかった。前章の最初の項を読み返してほしい。

私は過去の著作で、「自分が快楽を楽しんで、その結果、周囲が楽しくなればよい。女性が二足、三足の草鞋を履かされる辛い時代だから、女は男のその快楽志向によって幸せになればよい」と書いてきたが、これはシンドラーの影響ではない。実はこの映画を最近まで観ていなかったのだ。アンチ、スピルバーグだったので。数年前に観賞し、「なんだ、俺と似ている男がいたもんだ」と笑った。

私は、まずは自分が「楽しい！」と思うことを模索する。

お金を稼ぐことにしても、ちょっと食事に行くにしてもそうだ。自分が苦しんで、他人を楽しませようとする奉仕活動はしない。執筆は苦しいが、お金になるならそれは私の快楽となり、稼いだお金で親しい人が喜べば万事うまくいく。熊本が好きだから、熊本に足を運んだときには寄付をする。熊本での講演会でサイン本を売ったお金は寄付に回した。しかし、東京にいるときに目の前の苦しんでいる人を見ずに、熊本を見ることはない。どうだ。それは正しい考え方ではないか。

俺が楽しければ何でもいいんだ。分かるか。目の前にいるあんたは、それに付いてこいよ。という態度だ。もちろん、嫌ならいいんだ。楽しくないなら、いなくなっても構わない。

私は「合意」も重視してきた。合意していてその行為に浸っていて、後に「楽しくない」と言ったとしたら、それは日本語の間違いで、「飽きました」か「合意したのは嘘でした」である。

例えば、私の息子は沖縄の美しい海に感動しているようだ。西表《いりおもて》島に行ったあと、水泳教室にずっと通っている。海が好きなその趣味は、父親である私の趣味だ。それに付いてくるなら、私は沖縄に行く金を彼に与え、一緒に行くだろう。

だが、彼が「僕は海は嫌いだ」と言えばそこに合意はなく、私が行くときに連れていくことはないし、代わりに沖縄旅行相当の金を彼に渡すつもりもない。百歩譲って、「母親と山に行きたい」と言ったら、彼にも小遣いを渡す。だが、「自分探しの旅に発展途上国に行きたい」と言い出したらどうか。それは明らかに、自分だけの快楽。他者が援助する必要はない。

個人主義の利発なところをもっと語ると、日本人は集団志向が強く、皆を良くしたいと常に考えている。それも正しいが、「8050問題」をどうにかしようとか、社会問題の百番目くらいでいいのだ。目の前にそのような男が突然現れて、利益になるならやればいい。利益にならないと、お金がなくなり、お金で人を救えなくなる。シンドラーの話で分かっているはずだ。

私は前科のある無職の男に、「二度とそれをするな」という重々しい言葉、つまり怒りを喫茶店で投じたことがある。新聞を読んでいた三人のおじさんのお客さんがいなくなったほどだ。「もう何時間も同じことを話している。まるで時間の無駄遣いだ。相談料はきちんと払ってもらう」とも言った。

道徳主義者に私のこの姿勢は持てない。彼が私の非偽善的な行動で悪徳を止めたかどうかは分からない。ただ、「止める」と約束をしてくれた。一時的かもしれない。だが、暴力、暴言を慎む約束はしてくれたのだ。

私は彼に、「仕事をしてくれたら、君の就職先に遊びに行く」と約束した。翌日も彼に電話をして、「昨日の話をノートに書いてほしい。約束を守れよ」と言った。

つまり、優秀な快楽主義者とは他者に冷たくできる器量があり、甘えを許さない性質なのだ。それができる男が日本から減ったから、甘えた男女が増殖してしまった。ボランティアなど、大自然災害の直後だけでよいのだ。その後も困っている人は目の前の誰かが救えばよく、遠くからボランティアに出向く必要はない。その必要があるのが奇妙ということだ。意外と、日本人のお隣さんは冷たいのではないか。

ナチス・ドイツ時代のユダヤ人には、職すらもなく、ただ殺されていくだけだった。日本も大災害のときにシンドラーのような男だらけになればいいのだ。

私も見込みのある奴には教えてきた。

見込みがある奴とは、同じく快楽主義者である。善い人に見込みなどない。善人は善人としてすでに自立しているか、器用に生きることができるものだ。「愛妻家」を自称し、妻の尻に敷かれている話を飲み会でしている男は善人だから、不愉快だが放っておけばいいのだ。誰かが、「その話、酒の席では退屈ですよ」と教える必要はなく、余計なおせっかいはしないほうがいいのだ。

シンドラーと正反対のような「退屈」で「偽善的」なモラリストたちに、そう、その男や女に、私が教えることなどなく、付き合うこともない。

私には、想いを寄せている女性が数人いる（数人もいてはダメだが、一人と言うとまた疑われるので）。その彼女たちは乱れた過去、性の快楽に走った過去があり、それを忘却するために頑張っているようだが、「その必要はないよ」と本当は言いたいのだ。

犯罪も犯していないのに、自分を変える必要はない。

知識を増やすとか、向上したいとか、それは別で大いに勧めるが、彼女たちは結婚のために、それら好きなことを止めようとしている。そして結婚に失敗する。いちばん好きなことをすると結婚できない。友達がどんどん結婚していくから、焦って酒や何かの趣味やセックスをやめたということだ。

シンドラーは、終戦後に離婚。事業も失敗し、別の国で讃えられたが、そのまま亡くなったそうだ。ユダヤ人を救ったこと以外は、日本人から見ると失敗した男で間違いない。

しかし、そんな男が日本にもいっぱいいる。彼らがもし金や権力で一人の女子を売春で救ったり、裏工作をして何かに利用できそうな人間を助けたりしたら罰せられる。
「人の命は地球よりも重い」と世間は言いながら、そのやり方には注文があるようだ。
今、書いていて少し失笑してしまった。

許される暴力と許されない暴力

前章で述べた、躾のための暴力も違法になった……というくだりに、「正義」という言葉が出てきた。

私も暴力が百の種類あったとしたら、そのうちの九十八はいけないと思っている。ただ、百のうちの一つに、「体で覚えさせるしかどうすることもできない」という暴力があって、それすらも人気者になりたいタレントやモラリストは否定する。虐待はダメだが、虐待とはほど遠い力の行使もダメらしい。

残る一つは特に思い浮かばないが、席は一つ空けておいたほうがいいものだ。そこに困っている人が座れる。分かりやすく書いた。ハリウッド映画なら「そこに痩せこけた老人が座れる」と具体的な文句を使うだろう。

暴力行為をしている人間、暴力行為はしていないが近くの人を病気や死に至らせる行為をしていて、その行為を止めない人間は多い。もちろん彼らは、説得にも応じない。それでもモラリストは、（人間失格、または社会人失格の彼らに対しても）「暴力はダメだ」と言って怒っている。「説得させる。教育すること」と。

じゃあ、お前らがやれよ。

それが一カ月以内にできるならベストだ。しかし、私見では数年かけても、彼ら凶悪な性質の人間は変わらない。人の本質が変わらないことは、自分を分析すればあなたにも分かるはずだ。あなたのフェチは説得されて治りますか。

「では暴力は有効なのか」

有効だ。凶悪な人間たちは、強いものには弱い。先に不良上がりの教師の話をしたが、父親がヤクザでも、強い男の教師には、その生徒は歯向かわないのだ。その一日、番長が大人しくしていたことで、女子がレイプまがいのことをされなかったのかもしれない。

ほかの教師が見て見ぬフリをしている、または教育しようと何カ月もかけて対策の打ち合わせをしているうちに被害者は増える一方。もし、生徒の誰かが殺されたら、「学校側は加害者の生徒を説得していた」とか言うのだろうか。

さて、『シンドラーのリスト』に続き、また映画を例に話をする。名作を観てほしいのだ。

映画『イコライザー』を知っているだろうか。デンゼル・ワシントン主演の名作だ。ここから先はネタバレになっているので、観ていない人は注意して読んでほしい。

正直、名作な部分は前半だけだと思っているが、売春婦を救うために立ち上がったワシントン演じる元ＣＩＡの男は、「正義」という言葉を使う。売春婦を殴ったマフィアの連中を皆殺しにしていき、最後には「平和のため」と口にして大物を殺して、物語はハッピーエンド。

Amazon のレビューを見ても絶賛されているのが分かる。だが、彼は暴力行為を「正義」と言っているではないか。

「映画の中ならいいのだ」

その屁理屈は通用しない。映画はファンタジーや宇宙に出て行くようなＳＦ以外は、現実社会を反映させていて、われわれはその映画を模範として観ている。戦争を二度としないために、戦争映画を観るのではないか。史実に基づいた映画もある。暴力が絶対にダメなら、『イコライザー』の主人公が主張する「正義」という台詞をカット

しなければならない
主人公の彼は、ロシアンマフィアの部屋に行き、最初は凶悪な男たちに説得を試みている。お金も用意して行った。だが、売春婦を解放しないとボスが言い放った。「ボロ雑巾のようになって、セックスもできなくなったら、お前にくれてやる。まだ勃起するのか」とか言っていたと思う。それに怒った主人公の男が、その場で彼らを殺した。その後、ほかの凶悪犯も殺すか暴行して脅迫し、それで更生を促したりしていた。確か、悪徳警官を拷問したと思う。

しかし、この映画は絶賛されている。私が「名作な部分は前半だけ」と言ったのは、後半、やり過ぎているからで、売春婦を一人、助ければよかっただけなのだ。つまり、私はヒロイズムが顕著な暴力には反対派なのだ。その私が、「躾の暴力は仕方ない」と言うのだから、余程のことだと思ってもらいたい。

何が余程のことかって？

繰り返し言うように、殺人行為をしていなくても、他人を意図的に傷つけたり（イジメがそう）、自分の「楽」のために生きていて、養っている人を過労で倒れさせたり、煽り運転をしているドライバーなどもそうだが、

会話など通じない。

煽り運転をしているドライバーの車を止め、スタンガンか金属バットでぶん殴れば、「迂闊《うかつ》に煽り運転はできない」と奴らは怖がる。それで沢山の人が救われる。

しかし、その正義の男の暴力は逮捕されるという結末になる。

「煽った運転手が悪いけど、暴力は許されない」とコメンテイターのタレントたちが言うのだ。

私がどれくらい「大人」か分かるだろうか。映画『イコライザー』の観るべき部分は前半の売春婦や友人との人生論の朴訥《ぼくとつ》な会話だけだと言っているのだ。ワシントンの名演技だけだと。

私は、暴力については一家言持っている。偽善者モラリストたちとは経験が違う。何しろ暴走族に殺されそうになったことがあるのだから。

ジェンダー論の大局的考察

「愚行」と聞いて、恋愛、結婚、セックスを想像する皮肉屋もいるだろう。「それ以上に愚かな行為はない」と。それはそれで一理あるのだが、しっかりとした根拠もなく批判をする人も多い。

まず出てくるのは、結婚の是非と、それによって自分の権利が侵害されるということ。

私は、結婚生活においての男尊女卑、あるいは女尊男卑も大いに結構だと思っている。そんな思想は夫婦の勝手だ。「思想」なんて、難しい言葉すら考えていないものだ。夫に「おい」と呼ばれて当たり前だと思っている女性もいるし、夫は昭和初期生まれのお爺さんじゃあるまいから、「おい、おい、おい、おい」と連呼しているはずもない。少し頭が疲れている夫が、妻の名前に詰まって「ちょっと、おい」と思わず言うことが頻繁になる場合もある。妻が夫の名前を言わずに、「お父さん」とも言わずに、「ねえ」と言うのと似ている。

「俺が帰宅して、ソファに座ったら靴下を脱がせろ」と言ったところで、それは男尊女卑ではない。妻がその高級ソファをいつも使っているのなら尚更違うし、その高級なソファを夫が買ったのなら、偉そうにする権利も発生する。

「そんな権利をいちいち行使されたら、仲良くなれない」と女性たちは思ったでしょう。夫に「風呂掃除をしろ」と命令するのと何が違うのか教えてほしい。靴下を脱がせるために体に触るか触らないか、そんな性的な問題なら、結婚前には隠していた下着を堂々とリビングや洗濯機の前に置くようになったのはどういうことか。

そう、女性たちも、常に権利を行使している。それは、「私は女ですよ」という権利だ。

「缶詰の蓋が開けられない」
「重いものが持てない」
「甘いものを買ってきてほしい」

「妻だから給料を管理します」

かわいい権利もあれば、甘えている権利もある。特に夫の給料を管理することが暗黙の了解になっている慣習は、強権としか言いようがない。それに対して、

男が何かの権利を行使したらそこで少しは平等に近づくものだ。

「俺は馬車馬のように働いている。帰宅したらお茶を淹れてほしい。ビールを注いでほしい」

という話が男尊女卑なはずはない。コインを投げ続けると裏と表の確率は二分の一になる。夫婦もお互いが死ぬときに、男女平等に落ち着くと私は思っていて、そうはならないと判断した夫婦は離婚するのである。

異性の権利を認めないあなたたちは、独身主義を貫くのがベターだ。

昨今、同性愛者が増えた。同性愛は世界七不思議の一つになるほどの解明されていない謎。人口の増加に伴う調整だと思うが、魅力的な異性がいなければ、四肢動物や鳥も交尾を躊躇《ちゅうちょ》するから、まずは女が「女らしい魅力を無くした」とも言える。そ

う言うとジェンダー論を振りかざすサルトルの恋人みたいな女たちが出てくるが、難しい理論はいいから、セックスを楽しめばいいのだ。

「ペニス崇拝」が消え失せて、男のセックスシンボルが曖昧になったのも原因だ。春画に警察が怒っているようでは話にならない。男が巨乳に憧れるように、女は大きなペニスに憧れる世の中にすればいいのだが、ステレオタイプの男と言われそうだから、知識的な話を少ししよう。

ゲイが増えると、それを見た男たちが喜ぶのが自然の摂理だ。

当然、女子があぶれるのだから、ストレートの男たちは、女性とセックスする確率が上がる。五人の男女がいたとしよう。男が三人、女子が二人だ。そのうちの男二人が交際をすると、残った一人の男は、女子の二人と交際できる確率が上昇する。

大いに喜ぶべきことなのに、同性愛者の、特に男と男は昔から憎悪をされていて、処刑の対象になってきた。各宗教にある原理的な教えの「嫌悪感」がそうさせているかもしれないが、この時代になっても、その名残が残っているのが不思議だ。

私がセックスだ何だと破天荒な話をするのは、若い読者がそれを喜ぶからであって、本気になればジャン＝ジャック・ルソーのような哲学も書ける。それが売れる保証があるなら、依頼を待っている。

ジェンダー論に話を戻すと、何を勘違いして、「女らしさは男性社会が作ったものだ」と怒っているのだろうか。幼稚園の小さな遊び場に行くと、男の子たちはケンカをしたり走り回ったりしているが、女の子たちは砂遊びをしているか、すでにおばさんのように井戸端会議をしている。

女らしさが男性社会に強制的に作られるものだとしたら、もっと大人になってからで、「美人しか採用しません」と言われたら怒ればいいだろう。

それはジェンダーとはまた違う、「美の産業」による陰謀である。美の産業があるうちは美人なら生き残れるが、それがなくなったら女は一巻の終わりになる。結婚の対象ではなくなるのだ。すでに美の産業から自発的に離れている女たちは、セックスレスの生活になっている。かわいい下着も穿《は》かず、毎日がズボンで、二人目の子供を作る気もない。

セックスには色気と美しさと健康が必要だが、何もかもが美の産業の押し付け。それに疲れれば恋愛も面倒臭くなるから、独身の女子でいればいいのだ。三十歳を過ぎて自分を「女子」と言いながら、グルメを楽しんでいればいいと思う。男はすぐに期待を裏切るが、良い料理は期待を裏切らない。

男たちも、満足に射精もさせられない女に執着はせず、AVと風俗嬢で生きていけばいいのだ。

主題に戻すが、なぜ皆、結婚にこだわるのか。

結婚は責任を伴って行うもので、責任がそれほどない恋人と結婚するから、すぐに離婚になるのだ。

分かるだろうか。「好き」だけで結婚するから、すぐに離縁になると言っているのである。好きだけなら、セックスして遊んでいればいいんだ。そのうちに、責任が生まれてきて、そのときに結婚してもいい。それは、「彼女で遊び過ぎた。男として彼女を世間から守るために責任を取ろう」というものだ。

少子化で人口が減ってしまう？

日本の人口は減らしたほうがいいでしょう。スウェーデンなどの小国と比べて、「男尊女卑だ」「原発が多い」と、何かとうるさい。

スウェーデン、デンマーク、フィンランド……それら欧州の「優れた国」らしき国は、人口がとても少ない。人口が一億人以上の日本と一千万人ほどの国とを比べて単純な言葉しか作らない人もいる。人口が少なければ、国家は国民をコントロールしやすい。

物事を大局的に観察してほしい。

私が勉強熱心なのが、分かるはずだ。では、ステレオタイプなのは実はキャラづくりで、私が自制心のある多才な男だとして、多才ではなく多妻はどうか。ハリウッド映画級の皮肉のブラックなジョークだが、そこまで常軌を逸した結婚なら、一部の男にはその権利があるはずだ。その一部の男とはどんな男か、それを考えてほしい。「お金持ち」ではない。

なぜセックスが嫌悪されるのか

リアルな女性と付き合わない男がいる

アニメに熱中し、生身の人を愛せなくても大いに結構。間もなくＡＩ女子高生やＡＩ若妻などの人形型ロボットが出てくるだろう。

人間ほど愚かな生き物はいない。世界中の動植物を絶滅に追いやり、自然を破壊しているのに、「われわれは地球上で最も偉い」と勘違いしている傲慢な生き物だ。

この時代、殺人は減ったが、男は強ければ美女と名誉、金のために生きていて、弱ければ恋愛依存症の女子を騙すことばかり考えているから、女子にしてもアニメや漫画のイケメンと恋をしていたほうが傷つくリスクが減る。

また、女性は三十歳にもなるとすぐにおばさん化し、性格がどんどんきつくなるのに、自分を鏡で見て律することもない。男がアイドルが好きだというセリフを作ると、「男はロリコン」と軽蔑する。主婦が数人集まると旦那の悪口。それを子供にまた喋る。とにかく男の悪口を言う女が増え過ぎている。女性たちが、特に結婚すると女の美しさを捨てるから、男たちは年甲斐もなくアイドルに夢中になるのだ。YouTube の人気チャンネルのアニメにもある。「結婚前、結婚後の女性の違い」を分かりやすく描いたものが。別項にも書いたが、日本人の女性の傾向だ。石田ゆり子さんのようなら、文句はない。美しい女優はいっぱいいるが、街には滅多にいない。激安スーパーをすっぴん、ジャージで歩いている妻に、夫はまた恋はできないだろう。

だったらアニメの美少女や将来現れるＡＩの女子ロボットでいいと思う。高価だと思うが。

であればどうすればいいのか。

風俗には何度も行くべきだ。最近は射精には至らない男性メンズエステが流行っているが、それでもよい。そこにはお金に困った女の子たちが大勢いる。彼女たちを救える上に自分も楽しいのだから、こんなに合理的な話はないのだ。

性病が怖いなら、先程のメンズエステの店に行けばいいし、お金がなくなるのが嫌なら、より働けばよい。何もかもが悪循環の逆。良いこと尽くめなのに、恐らくモラリストたちからは批判されるだろう。

ただし、ブランド物が欲しいだけのお金に困っていない女の子は指名しないでほしい。特に多いのが、「働かない彼氏のために風俗にいる」という女だ。あなたのお金の一部が彼女に入り、そのお金で彼女の彼氏がパチンコをする。そのパチンコのお金が朝鮮半島に流れる、という寸法に陥る。女の背景までは見抜けないか。いや、一度か二度、彼女たちと話をすればいいのだ。

では、女性がセックスに明け暮れるのは愚行か。

先日も『東京スポーツ』の街頭インタビューで、経験数五十人以上という二十歳の女の子が出てきた。百人を経験している女の子もよく登場するが、バランスを取るためか、読者の男を安心させるためか、ごくたまに三人くらいの女の子が出てくる。

もし、日本にモノが溢れていなくて、グルメがあまりなければ、もっともっと女子たちはセックスに興ずるだろう。平安時代、江戸時代がそうだったかもしれない。今はあまりにも遊ぶコンテンツが多過ぎて、セックスよりも楽しいことを見つけることが容易なのだ。

それは簡単にできることだ。セックスには準備が必要だが、それが面倒臭い女性は、簡単にできる快楽に熱中する。テレビがまさにそうで、日本の女性ほどテレビが好きな人種はいない。ワイドショーの情報番組が大好きだが、あれくらいくだらない情報を脳に入れていたら性欲は減退するだろう。男ですら、仕事や研究の情報の渦に巻き込まれると、一切の性欲をなくす。

女性でセックスに明け暮れている人は趣味があまりない。しかし、趣味というものは、それほど自分を成長させることはなく、知識も体力も付かなければ堕落していくものだ。もちろん、読書や映画観賞など価値の高い趣味もあるが、ゲームを含め、ほとんどの趣味や娯楽は、知識は増えず体にも悪い。私のやっているボルダリングにしても、とても時間を食う。

セックスは、やり方によっては女の色気を輝かせることができるものだ。若さも保てるのは、世界中でいわれている事実である。また、セックスは男女関わらず、「世の中にはこんなにいろんな性質の人がいるのか」と、人間観察ができる勉強会にもなっている。本当に優しい人なのか、本当に悪い人なのか。それがセックスの前後に顕著に出てくれるものだ。例えば初めてのデートでコンドームを持ってくる男がいたとして、それはどういう男か。逆に「コンドームないの？」という女もおかしい。初めてのデートなのだ。

悪い人に殺されては嫌だが、繰り返し言うように、どんな行為にも遊びにも「事故」「事件」はあるのだ。野球を観戦していたら、ボールが頭を直撃することもある。最もリスクが高い趣味は何かと問われたら、セックスではなくギャンブルにほかならないが、競馬は大人気だ。バイクを乗り回す趣味も、その事故で死ぬ確率はセックスの情事で殺される確率よりも高いかもしれないし、登山が趣味だと遭難する可能性があるのは明らか。セックスによる性病だけを目の敵にするのは解せない。

人間は、なぜこんなにもセックスを嫌悪するのか。皆がする行為なのに。

と、私はずっと悩んでいるほどだ。特に他人のセックスだ。

ただ、たくさんの男と寝てきた女の子が、男を見る目を養えているかどうかは不明だ。それには才能が必要なのだ。男もそうだ。抱いた数が多ければ器もどんどんでかくなるということはない。何事も才能が必要で、セックスで相手を見る才能がないのに、セックスに興じていては、時間の無駄と言える。

しかし、本書は愚かな権利を持つことを主題としている。二十歳でセックスの経験が五十人以上、そのうち彼氏は三人という女の子には、何かの特権があるかもしれない。

男たちに喜ばれる何かを持っているとしたら、それは美貌《びぼう》なのだろうか。「簡単に足を開くんだよ」と、同性の女の子たちは批判するが、何か魅力があることは間違いない。

その少し不明瞭な愚権を、私は支持する。恐らく、二十歳でセックス三昧の女子は、子供の頃から疲れているのだろう。「孤独」ということだ。親がいても孤独を感じることもある。虐待も親からの言葉の暴力もあるのだから。

女は、多くの男から「抱かせてほしい」と言われたら、幸せを感じないといけない。

それくらい、人は孤独なのだ。孤独になるし、孤独になったその年に突然大病を患ったら、「良かった。たくさんの男性に好きだと言われた人生だった。綺麗な体だと言ってもらえた」と自分を慰めることもできる。

この世には、「お前はセックスの対象にならない」と、断崖から突き落とされている女性たちがいっぱいいるのだ。処女のままか、処女じゃなくても、優しい男が仕方なく抱いてくれたもので、何も褒めてもらえなかった、おっぱいが綺麗でも褒めてもらえなかった、という女性はいっぱいいる。ルックスが悪かったのだろうか。

それに比べてどうだ。「お前はセックスが良いから抱かせてほしい」という男のセリフに、「体だけが目当てでしょ」と返すのでは贅沢と言える。性格が悪く、美人でも性格が悪くて敬遠される女性もいる。「体も心もいらないよ」と敬遠される女性のほうが圧倒的に多いのだ。

そんな、女としては見捨てられたような人生を送っている女性と、子供時代に傷ついてセックスに傾いた女性は、それがストレスの解消になるのなら、愚かでもホテルの部屋などでさまざまなセックスをし、気分を良くしてほしい。性癖は無理に捨てないことだ。それを包んでくれる男性を見つけることが幸せに繋がる。そんな器の大きな男を見つけるのは大変だが、ほかの恋愛も同じように簡単ではない。

もしセックスができなくても、何らかの色気のある趣味は持ち続けることだ。それが、そう、若さを保つのだ。若さを保てば、また良い恋が見つかるかもしれない。

厳密に言うと、セックスでお金が絡まなければ、より女性は輝く。売春は必要悪だが、できれば、男から金を貰わずに寝てほしい。

ベンツに見る資本主義社会の歪み

車には無駄な高級車が用意されている。

フェラーリ、ポルシェ911ターボ、ベンツのAMG、BMWのMやアルピナ……。

正直、一般人には不必要な車だ。レースのために造られたものを売っている。軽自動車に乗っている人たちはそれらの車を軽蔑しているが、その安全性は驚愕《きようがく》するくらい高い。高速道路でフラフラ走っている軽自動車が運動会の小学生。もちろん、低学年だ。高級車は、オリンピッククラスの陸上選手ということだ。

ベンツのSクラスと軽自動車が接触し、軽自動車の運転手と助手席の人が大けが。ベンツの人は無傷だったとする。軽自動車の人たちが怒ったらベンツにはドライブレコーダーが設置されていて、軽自動車がフラフラ走っていたことがバレバレ……定番である。それでも軽自動車の信者は、「ベンツは偉そうだったな」と唾を吐くらしいが、その姿勢を一生続けていけば、死ぬときも気楽になれるものだ。社会問題に気づかず死ねるのだから。

一方、高級車に乗ったそこそこお金のある男は、「でかい買い物をした」と悔やみながらも、

資本主義社会の歪みにも気づくことができる。


また、車庫に高級車が一台だけなら評価が高くなるが、二台、三台になると途端に眉をひそめられてしまう。何事も程度を弁えないといけなく、そんなときは、桜の季節に近所の公園でバカ騒ぎでもすればイメージが変わるから、ちょっとバカに見せることが日本でのベストな暮らし方と言える。しかし、それは郊外や田舎の話で、人付き合いが嫌な人は都会のど真ん中に引っ越すのがベストだ。または駅直結のタワーマンションが良いでしょう。

「軽自動車で満足」なのはいいが、ベンツやポルシェと関わったときに、「それでも軽自動車が最高」と思うのではなく、

「俺もあっちの世界に行こう」という怒りを持ってほしいというのが、私の本音だ。

しかし、「軽自動車で構わない。大型トラックとすれ違っても怖くない」と言い張る男は、同じく人生の成功をあきらめた良い友達に恵まれるだろう。

やっぱり皮肉だって？

あなたたちは、「友達」「仲間」をつくることに命がけではないか。そんなものは無理につくる必要はない、と説いても聞く耳を持たないのに、「仲間で群れていて、男同士でずっと一緒で、たまにその中に女の子がいてもセックスもしないでお喋りだけの草食系でいればいいじゃないか」と、自分たちが好んでいる行動を指摘されると怒るのだろうか。

もし、怒るなら劣等感があるのか、私の書き方が雑なのだろう。いや、雑だと思う。どんどん予防線を張り、軽重と強弱を付け、双方に気を配る文章に徹すると、このテーマだけで五千字を突破してしまう。哲学書としてきちんと書かせてもらうことくらいしか、双方の立場にいる読者を納得、説得させる打開策はない。ジャン＝ジャック・ルソーの晩年のエッセイのように愚痴だらけになるかもしれないが、それくらいしか中立でいることは困難なほど、この社会は両極端に別れている。例えば、「あり得ないほどに優しい人間」と「簡単に人を騙したり裏切ったりする人間」ということだ。

私は、「仲間」「友達」「飲み会」が嫌いなのかもしれない。

その間に、良い映画を観ているか、読書をしているか、マッサージを受けているほうがいいと思うのだろう。先日、映画『アマデウス』をブルーレイで観てみた。モーツァルトもサリエリも孤独ではないか。誰とも群れていない。幸せではなかったようだが、潔い生き方である。ほかの名作映画にしても、男がヒロイズムを発揮したり、大ピンチを切り抜けたりする前後は決まって孤独だ。前述の『シンドラーのリスト』で言えば、シンドラーはナチ党員。ユダヤ人たちが応援してくれたとはいえ、孤軍奮闘とも言えた。

軽自動車に乗るのは愚かだが、実は超高級車に乗るのも愚かである。

ベンツで言うと、Cクラスでも十分過ぎるほど性能も安全性も高く、日本の狭い道はＣクラスがベストだと誰でも分かっている。Ａクラスでもいいくらいだ。それをＳクラスまでに押し上げていく男は、会社社長か、新幹線に乗るのが嫌いな特別な人間しかいないと思っている。

そのベンツには高性能のＡＭＧというスポーツモデルが用意されている。特にＡＭＧの最上級モデルは、サーキットを走るわけでもないのだから、まったく不必要。

もっとも、努力に努力を重ね、または不運続きの果ての「ベンツＡＭＧで一度遊んでみたい」は悪くない。それら高級車自体に価値がないと言っているのではない。高い価値があるのだ。しかし、燃費も悪く、環境にも良くない。通常であれば買うのはまさに愚行である。

まったく、生活する上で不必要なものを買うことほどの愚行はない。

さしてテレビ録画をしない人が、３ＴＢのブルーレイレコーダーを買うとか、疲れてもいないのに三千円のユンケルを飲むとか、好きなアイドルの写真集を三冊買うとか……。

これらの愚行に権利はあるのだろうか。

お金持ちの権利だろうか。

いや、年金暮らしの家庭に遊びに行ったら、生活が苦しいのに高価なブルーレイレコーダーが設置されていたのを見たものだ。

この心理は、
・好きなものに対してはその頂点に向かう
・好きでもないものにお金をかけている場合は、見栄
単純な答えが出てくるが、もう一点、

「猫に小判」の場合もあるものだ。


つまり、その人たちは目の前のものの価値が分からないのである。

不要か必要性が高いか。

それが分からない。

愚行の裏にある愚権

●タバコを吸う

煙草が好きなら大いに吸いたまえ。税金もかなり払うのだから、国に貢献していることになる。

壁が黄色くなれば、引っ越すときに業者が喜ぶ。煙草で口が臭くなったら、あなたがお金持ちでも金目当ての女は近寄らない。良いことづくめだ。

肺がんになる？　それは覚悟しないといけないが、スポーツカーが好きな男は事故を起こして死ぬ確率が高いのではないか。何事にもリスクはある。

当たり前だが、禁煙の場所ではダメだ。

●菜食主義を貫く

ヴィーガンとは、究極の菜食主義だ。菜食主義が迷惑なことはあまりない。ただ、二十三歳で亡くなった米俳優リヴァー・フェニックスは有名なヴィーガンだったが、日本の鰹だしすらも断ったくらいで、そこまでになると本書のテーマとは外れる。迷惑行為と言えるだろう。

菜食主義は環境にも良いらしい。牛や豚を育てる施設は有害で、家畜に与える餌を森林伐採から作った畑で得ているからである。

実は私も肉はあまり食べない。ボルダリングを始めてからは、その帰りにとんかつや焼肉を食べているし、少し痩せたからタンパク質を摂るようにしているが、それでも納豆や山芋、魚が好きだ。

愛猫が死んだときには一年間、まったく肉を食べなかったことがある。しかし、ヒトの体にはたんぱく質、特に動物性のそれが必要だと分かってきた。菜食主義でも肉ばかり食べていても、寿命が延びるわけではない。人間は菜食主義にはしっても八十歳くらいで死ぬものだ。動物愛護の観点からの自己満足だが、それも尊敬される行動だ。

●需要のないものに執着する

私は鯨もイルカも食べることはない。出されてしまったら食べるかもしれないが、それは接待してくれた相手を不愉快にさせないためで、その土地に入ったら郷に従うという信念もある。鯨料理が自慢の店主と仲良くなったときには鯨ベーコンや刺身を食べていた。

しかし、和歌山県にラーメンを食べに行くことはあるが、イルカを食べには行かない。イルカ漁が世界的に叩かれていて、日本国内でもマイナーな食材。それは淘汰される時期に来たのだ。

マイノリティは、例えば同性愛以外でも次々と生まれていくから（または隠れていた人たちがカミングアウトして出てくる）、「淘汰しろ」には無理がある。人種差別的に殺すようなものだ。その点、イルカ漁が次々と出てきていることはなく、炭鉱がなくなったのと似ている。

すべてに批判され、需要がなくなった仕事に執着するのも、いかにも愚かなことである。私の本の仕事もじきになくなる。「レコードみたいに復活するよ」と友人が言ったが、マニアが好む程度では食ってはいけない。だから、本の仕事にしがみつくのは愚行だ。部屋で時間をかけて哲学書を書き、ニーチェやルソーを目指すのなら「勝手にどうぞ」だが、そのためには、家族に金を渡す預金がないといけない。それをしないとただの自分勝手で、行使する権利のない、愚かな行為になる。愚かな行為をするには、それをやってもいい人間でなければならない。そのことを忘れないでほしい。

イルカ漁がやめられないのも食う金がなくなるからだが、イルカがダメならほかの仕事を探すしかないのだ。いや、日本の伝統的な食文化か。そうかもしれない。欧米の食文化がまったく入っていなければ、その反論は通じると思うが……。

難しい問題だと思うが、イルカには知能があり、痛みも苦しみも感じている。それを人類が知ったのは、最近のことだ。イルカ以外の動物のすべてに痛みの感情があることが研究結果で分かった。人間に殺される前に恐怖を感じることも。

●薬依存症になる

あなたが薬漬けになり、巨大製薬会社に貢献しているうちは、世界経済は安泰だ。究極のアイロニーを口にしてみた。申し訳ない。

風邪薬が必要なのは、明らかに肺炎の危険のある老人だけである。微熱の風邪が自力で治せないようでは、もはや食生活が狂っているのであり、免疫力が低下しているのだ。それを風邪薬で治そうとする人間は、何か急用があるのだと思うが、会議なら紅茶に生姜を入れて飲むとか対策はいくらでもある。それでも製薬会社に援助したい人は尊敬に値する。会議室の客人に製薬会社の人間がいれば、「あなたのおかげでまたもっと効く風邪薬が作れます」と嗤《わら》うだろう。

まるで次々と出てくる洗剤みたいに、よく効く風邪薬が発売される。それを皆、せっせと飲む。その愚行は大いに経済に貢献していると繰り返し言っておくが、私はあまり好まない。日本人は精神安定剤の類をたくさん飲むことでも有名だ。それくらい、職場で辛いのだと思うし、家庭内の問題も山積みだ。私の偏見ではなく、ある女性の啓発家が言っていた。「日本人の女性は結婚すると色気を捨てる。夫がかわいそうだ」と。

愚権論としては、「気持ち良くなるなら飲んでもよし」と言っておきたいものだ。

すっとストレスが消えていく。すっと痛みが取れていく……。こんなに気持ち良いことはない。しかも薬には即効性があるのだ。

さらに言うが、その類の薬を飲んでいる人のほうが長生きをしているようだ。薬の飲み過ぎは脳に悪影響があるようだが、それは酒も一緒。酒は肝臓をやられるが、抗鬱剤や抗不安剤はそれほど肝臓に悪くない。一日十錠、統合失調症の薬を飲んでいる人に聞いたが、血液検査では肝機能に異常がないそうだ。

人は即効性があるものが好きだ。それは、次にやらなければならないことが控えているからであり、風邪薬をすぐに飲むのも仕事やデートを控えているからだ。しかし、一人の部屋で、翌日が休みでも風邪薬を飲むのだろうか。セックスをする前にその男が風邪薬を飲むだろうか。飲んだ瞬間に彼女に移らなくなる、というはずはなく、だけど飲むのだ。

人々はどんなときでも風邪薬を飲む。それは気持ち良いからである。微熱が平熱に下がるのが気持ち良いのだ。カフェインも入っている。風邪薬依存症である。くだらないことだが、誰にも迷惑は掛からない。

●宗教にはまる

信仰も愚行ではない。人間は信仰とともに進化したとも言えるのだから（進化が遅れたとも言われている）。カルト教団にしても、殺人を好まなければ文句はない。トム・クルーズが新興の自己啓発の組織に入信していて、共演者を勧誘していることが一部で問題になっているが、映画は大ヒットをしているし、「精神安定剤を否定する教団」らしく、悪いことではない。

宗教には病んでいる人や弱っている人が入信するため、死者が必ず出るもので、「あの教団では死亡者が出た」と言うのも、「病院で人が死んだ」と同じようなものだと私は思っている。要は、人に押し付けなければよいのだ。

トム・クルーズも、共演者を勧誘しなければ自由だ。

しかし、お金のない老人などに、「お金を出しなさい」と迫る宗教は多く、それで家族が迷惑になる場合がある。あまり興味がない世界なので、早くに結論を出すが、「金があるなら好きな宗教で好きなように悟りを開けばいいでしょう」ということだ。

また、ＩＳのような過激組織は論外だ。

●太り過ぎる

デブの人間がいる。

デブは先進国には必要な人材だ。

まず、メタボリックの定期検診で金になる。またまた医療関係者が喘うわけだ。コンビニで売っている砂糖がたっぷりの清涼飲料水も、彼らが飲まなければいろいろな企業が困ってしまうだろう。

菜食主義者ばかりになったら、豚や牛を生産することができなくなる。それは動物たちに優しいが、その時代になるには経済の事情があり、あと百年以上はかかると思われる。

デブが迷惑なのは、電車内で臭いことくらいだと、私は思っている。

夏に、イケメンの若者が上半身を裸になって、女の子たちと歩いているのを大宮駅前で見たが、デブがそれを率先してやることはない。「羞恥心《しゅうち》」があるのだろう。今や女性の心から消滅したといわれている羞恥心が、デブにあるのだ。自分を弁えていて、逆にイケメンの細マッチョのほうが調子に乗っているとも言える。あるボルダリングのジムでも、上半身を脱いで登った男を見たことがある。細マッチョだ。

男の私から見て、デブはそれほど害悪でも不愉快でもない。デブが増えれば、デブではない男たちに女性が回ってくるという事実がある。それはジョークではなく、人類学の中の恋愛の問題でたまに見かける理論だ。前述した、ゲイが増えれば女性が余り、ストレートの男たちが女性と結婚できる確率が上がるという事実と同じだ。

ただし、私は車が好きだから、デブがポルシェに乗っていたら気分が悪い。ケイマンだったら、「狭いし、似合わないだろうに」と首を傾げる。似合わないことをするなら羞恥心がないことになってしまう。


しかし、デブに愚権があるのか。

ないのではないか。

なぜ、デブになっているのか。なぜ、そんなに食べるのか。すでに、太りに太ったことで愚かになっているのに、さらに愚かに遊ぶ権利はない。

私の知人女性の夫が、結婚した途端に牛のように太ったという話をどこかに書いた。幸せ太りなら、それは律するべきだろう。デブを嫌いな新妻に対して、「デブになってもいいですか」という権利はないのだ。妻の気分が悪くなるのだから。
そもそも権利とは、苦しみ抜いた人と優秀な人に与えられるもので、その努力に疲れた人に、「愚かになって遊ぶ権利」を励行しているのである。デブに愚かになる権利はあるのか、と繰り返し考察したい。

その新妻が肥満を指摘すると、夫は「君が痩せなさい」とキレたそうだ。彼は結婚した途端に、甘いものや肉などを食べることに快楽を見出したのだろう。豚のように太り、新妻がセックスを嫌がったのに痩せる気がなかったとすれば、それは女性を軽視しているとも言える。「デブになった俺ともセックスをしろよ」ということだ。セックスの強要はなかったそうだが、「子供は欲しい」と言っていたらしいから、デブが嫌いな妻は、その夫の体液を体の中に出されることになる。それは嫌だろう。

デブは少数派ではなく、世界中にいる。彼らが絶対に結婚できないこともない。それは女性たちが「デブの彼はモテないから浮気しない」という魅力を感じるからだけだ。誠実にも見えるから、結婚できない女性に人気があるのだ。だから、デブなのに結婚ができた男は、浮気をしない上に風俗にも行かない努力、ＡＶも見ない努力をして節約もすれば、もっとデブになっていいという愚権を発動することができるのだ。妻も喜ぶだろう。浮気しないことが妻から見て優秀だということだから、デブになっていられる愚権を行使できるのである。糖尿病になる前に生命保険に入っておけば、結婚前から打算的だった妻は、もっと喜ぶに違いない。

「浮気しない男がいい」と考える女ほど、計算高い女はいないだろう。「私だけを愛して」と言いながら、「あなたを愛します」という姿勢はあまり見せないものだ。夫が浮気しないのをいいことにヨガやママ友の会で遊んでいて、その間、子供の世話は夫にさせる。優しい女には見えない。

●酒を浴びるように飲む

酒税を払っているのだから、お酒は大いに飲んでいい。車の運転も同様だ。世の中では、本当は税金を多く払っている人に権利が発生する。車で言うと、税金が高い高級車に乗っている人間が偉いという理屈だ。無論、車に乗っている瞬間だけのことで、二十四時間、その高級車の男が偉いわけではない。

安い酒を飲んでいる人が、最近では高くなっている日本のウィスキーを飲んでいる人を見て、嫉妬するのはいいが、それを口に出してはいけない。もちろん、税金を多く払っている人間が傲慢になってもいけないが、税金を多く払っている人のほうが叩かれることが散見される国だ。

「贅沢をするな」と。

次に繋がる問題だ。

●派手に豪遊する

豪遊の自慢はいけない。本当に恥ずかしい行為だ。Instagram が人気になってから、芸能人も豪遊自慢をするようになった。しかし、豪遊する人がいないと経済は成り立たない。

大物芸能人が亡くなると、その男が遊んでいた歓楽街の一角がピンチになるらしい。私が行っていた銀座の飛騨牛の店がなくなった。私が行かなくなったのも一因だろう。お金の動きが小さい一因だが、私も銀座で豪遊しなくなってから、もう七年は過ぎた。もっともっと豪遊する作家や芸能人が増えないと、銀座、祇園《ぎおん》などが困窮していくのではないか。どこの国でもそうだが、国の中心的な娯楽街、歓楽街が困窮すると、その国は衰退していくものだ。ディズニーランドの観客動員数が極端に減ってきて、歌舞伎町が東京オリンピックのために一掃されたら、その後どうなるのだろうか。実は私は街中の歓楽街では遊ばず、車で温泉などに行くタイプだから偉そうには言えないのだが、豪遊ほど必要不可欠な行動はない。

しかし、それを自慢すると愚行となる。

愚権の行使を励行する本書だが、自慢は良くない。「ここにいますよ」程度でいいのだ。隣に美女を数人並べたら、ネットビジネスで成功するようだが、なんと単純なビジネスなのだろうか。それを女優とやって、つまり見せびらかして、やや失敗している男が最近いたではないか。

豪遊も、銀座の店のホステスとママだけが知っていればいいのだ。それをFacebookに書くときも、「銀座で飲んでいます」だけでよくて、なのに中にはお札を見せている男もいる。例えるなら、マネークリップを見せるフリをして一万円札の束を見せびらかす手口だ。唯美主義の私から見て、最も醜い人間に映るのだが、それ以前に命の危険が出てくる。

敵を作るからだ。

お金持ちが敵を作る必要はない。そんなことわざがあるでしょう？　お金があるのだから、まさにこっそりと指宿《いぶすき》の高級な温泉宿で愛人と寝ていたらいいではないか。下関ならふぐ料理三昧。タイのように物価が安い国に行けば、ホテルのスイートに十人くらいの娼婦を呼べて、皆、お金さえ渡せば喜色満面でセックスの奉仕をすると思う。

なのに、近年のお金持ちは豪遊自慢を盛んにし、庶民を煽っている。何かストレスでもあるのか不思議だ。その結果、中傷が増えて、余計にストレスになることは私が経験している。競馬が得意で、的中した馬券の画像をネットに載せただけで、ストーカー行為をされたものだ。

オスカー・シンドラーのことを前述したが、シンドラーが札束を捕虜のユダヤ人に見せびらかしても意味はないわけで、日本のお金持ちたちが、ＳＮＳでお金のない庶民に豪遊を自慢することに何の意味があるのか。無名の男女は継続して詐欺商法を続けるためだろうが、芸能人の方たちの豪遊自慢は不思議だ。

●子供に多額の教育費を投じる

子供の教育に熱心な親が多いが、正直、人は才能である。

才能に環境が揃えば、その子供は覚醒する。「まさに環境を整えるために教育している」と反論されると思うが、ここで言う環境とは、日本とアフリカの奥地との違いという意味で、日本で環境が劣悪なのは、虐待されている子供くらいだと思う。

才能とは、「ひらめき」があることを言う。

「一パーセントのひらめきと九十九パーセントの努力」という有名な言葉があるが、一パーセントのひらめきは教育では生まれない。本人が、ふと思うことだ。ほかに「集中力」が秀でた子供は才能を開花させるが、集中力は好きなことに対して勝手に生まれてくるから割愛したい。

才能を開花させたいなら、本人が関心を示したものに向かわせるのがベストだが、どこの親もいろいろな習い事を強要するものだ。どんなに勉強ができても、知性がなければどうにもならない。東大や早稲田などの六大学で事件ばかり起こしていて、それが稚拙。「え？　本当に頭が良いのか？」と首を傾げてしまうばかりで、これは親の責任かもしれない。勉強をさせる以外の教育ができなかったのである。

しかし、人に優しくする能力も実は才能で、すべてはそこに帰結してしまい、語るほどのことではなくなってしまう。シンドラーのあの個人主義の優しさはまさに才能で、誰の意見も聞かなかった。

本書は、「愚かに遊ぶことの権利」を説いているが、他人を巻き込めば愚権でも何でもなく、合コン三昧の遊んでいる学生がさらに女子をレイプするなど、ただの猿。どんなに疲れていても命に関わるような犯罪はダメだ。

自制心、理性がある者が最後まで生き残るし、こっそりと豪遊するのは理性的だと思っている。

教育というのは不思議な慣習で、なぜ、救命に関する教育を熱心にしないのか。なぜ、基本的な道徳教育を熱心にしないのか。

ノーベル賞受賞者を増やしたいのか。セックスがそんなに悪徳なら、性教育で「処女を守れ」と言えばいいのだ。男の子には、「好きでもない女の子とやらずに風俗に行け」と。風俗嬢は大歓迎なのだから。彼女たちもお客さんが来ないと生活が困窮するのだから。

話を戻すと、頭の悪い子供に懸命に勉強を教えても、絶対に知識とはならない。記憶力、学習能力がないのだ。

簡単過ぎる問題が分からず、難しい問題が分かる子供は天才に近いか天才だということは、皆さんも知っていると思う。

簡単な問題しかできない子供は、単純労働のやり方を教えたほうが無難だ。その単純労働も立派な仕事なのだ。真夏の道路工事がそうだ。それを「立派」と声高に言わない国だから、世界の不平等ランキングの一位になってしまう。

学校の教育は真の愚行。そういえば、組体操という愚行を続けているものだ。宮崎県の学校のジェンダーフリー教育も、親たちが困り果てている。男の子と女の子の区別がつかないようにするために必死だ。傷つくのは、男の子と間違えられる女子だが、そんなことはお構いなしのリベラルで、狂気とも言える。

親が勝手に子供に英才教育をすれば塾も儲かる。しかし、「親に文武両道を押し付けられて辛かった」と私に語った女子を知っている。

塾に行かずに、親から「自由にしなさい」と言われていたある少年が言った。

「あの女の子は毎日塾に行き、僕はあの子が好きだったけど、森に虫を取りにいった。うちにはあまりお金がなかったんだ。ある日、枯れ樹が目立つ森の精が囁《ささや》いた。森は伐採で枯れ果てたが、あの子は将来美人になるぞって。だけど、あの子は街へ街へと行ってしまい、僕は森を綺麗にするための研究を始めたんだ。そして彼女は一見して美しい大人の女になったけど、成功とお金の話ばかりしていたよ」

彼は何が本当の「美」か、ひらめいたのだ。

傷ついた人に与えるべきは「自由」

「自殺」は行使すべき愚権だろうか。

人生が楽しくて楽しくて笑いが止まらないという人間が自殺をすることはないだろう。自殺とは、疲れ切ってしまった人が選ぶ愚権の最たる行為だ。

自殺した人を責めてはいけない。

魔が差して亡くなる人もいる。辛さにも、人それぞれに軽重がある。重いトラブルに巻き込まれても大丈夫でいる人間もいる。私がそう。なんと息子から「トラブルが楽しいの?」と言われた。楽しくないが、乗り越える自信がずっとある。そうそう、失恋して自殺する人もいる。

傷ついたときや失敗したときに、自殺するか耐えるか。その違いは、自由であるかないか、自由になれるかなれないかで決まると思っている。

なので、借金の自殺が最も多いかもしれない。多くの人は、お金に困ったとき、海外に逃げるような自由は得られないのだ。

「あなたはこんな失敗をしました。だけど、これから自由にしていていいです」

そう言ってもらえれば、自殺を選ぶ人はいないはずだ、ある組織や企業の中で失敗やトラブルに巻き込まれ、しかし、その組織の中に拘束される生活を強いられていたら死にたくなるだろう。

分かるだろうか。

失敗をしたり、トラブルに巻き込まれた人間は、すぐに解放すればいいのだ。

そのまま閉じ込めておいたら辛くなっていく。その忌まわしい場所から逃れるためにするべきことは自殺しかない。

「自由になりたい」

そう叫ぶと、「子供だな」と揶揄される。

だが、疲れた人や傷ついた人にとって、自由であることはとても重要だ。

自分の大切な人が失敗をしたり傷つくことがあったりしたら、まずはそれを受けた場所から解放させることを私は勧める。自殺しないように同行すればいいでしょう。

私は、急に白髪が増えるほどさまざまな地獄を見てきた。そこから逃げれば楽になるんだ、と分かったのは最近だ。ＳＮＳをほとんどやめたのだ。「里中さんのFacebookがなくなった」と寂しがったファンもいたらしいが、やめたら楽になった。本当に「Facebookはもう見なくていいんだ」と安堵したものだ。

もし、「講演会の客を集めるために、Facebookを続けなさい」と誰かに命令していたらどうだったか。白髪どころではない。発作的に自殺していたかもしれないのだ。その理由は些細なことかもしれない。例えば、私のボルダリングの技術への文句だとか。大したことではないが、しかし、そのときに、別の大きな苦しみがあって、その些細なことをきっかけに、気づいたら死んでいるかもしれないのだ。

Facebookをやっていると、なぜか縛られてしまうからである。その文句に回答しないといけない不自由があり、しかもそれがお金にもならないのだ。最悪なのが分かると思う。

第4章

愚かになる権利

ストレス解消すら難しい時代

あなたの疲れを癒し、快楽をもたらす趣味、嗜好は何か。

その趣味、嗜好は他人の迷惑にならないか。

ならないなら、大いに楽しむべきだ。ただし、あなたが極端に疲労していたら、という話である。特にストレスによる疲労だ。余程害のあるものを食べ続けない限り、人間の肉体が疲労するのはストレスが原因だ。

迷惑になるとは、どういう状態か。

趣味は熱中し過ぎると、愛する人が白《しら》けてしまうほどの障害、迷惑になる。私の車の趣味も、買い過ぎて家族に迷惑を掛けたから、今は一台だけにしている（だけど、本当はもう一台欲しい……）。

これまでの著書で再三、趣味をやめるように言ってきたのもそのためだが、若者は特に趣味に打ち込んではダメだ。

しかし、四十歳を過ぎて疲れている男に、「野球ばかり見ていてはいけない」とは言いたくない。

日本人を腑抜けにしたスリーエス（3S／スクリーン：映画、スポーツ、セックス）の一つがスポーツだ。テレビで毎日野球観戦していたら、人生の何十年かをその時間に費やしてしまい、古典文学の一冊も読まない事態になる。

しかし、昔、サラリーマンが日本の象徴だった時代は、仕事が終わると妻がいる自宅に帰り、巨人の試合をテレビで見るのが定番だった。そのとき、ビールも飲んでいて、妻が必ず注ぐ。キリンのラガーだった。

その偉そうな夫を今の時代は否定してしまったのだが、それほど仕事をしない男たちが増えたのだから、それも当然と言える。しかし、定時に帰宅し、料理を作ってくれる夫を「料理男子」と呼んで称賛しているが、真夏の道路工事で熱中症気味になって帰ってくる夫に「稼ぎが悪い」「家事を手伝わない」と妻が思っていたり、「時代に反した男」と周りの人たちが見ていたら、もはや、人間失格のレベルの精神の退化で、日本は終わっているのかもしれない。

疲れてしまった男には、妻にビールを注いでもらう権利がある。妻が主婦なら尚更だが、私がこれを言うと、男尊女卑と言われてしまう。

では主婦の右腕は、缶ビールを持つ腕力もないのだろうか。男のその姿勢が女を隷従させていると言うなら、女性兵士を生み出しているアメリカン・フェミニズムをどう説明してくれるのか。女も働け、という時代の現場で、重い荷物を女の子たちが運んでいるのは、男に隷従させられているのではなく、時代に隷従させられているのではないか。アメリカン・フェミニズムもそうだ。ビールを注ぐ姿勢が嫌なら、男が頼むどんな行為も嫌だろうから、男と結婚しなければいいのだ。

愚行とは、大勢の人に迷惑を掛けることにほぼ限定されている。

またはそのような思想のことだが、一介の庶民に、何百人も動かす思想や力はない。せいぜい妻の機嫌を悪くさせる程度であろう。何か特殊な思想がある頭の良い男が、女の子一人を洗脳したところで、彼女の命に関わらなければそれは愚行ではない。女の子の親が気にしていなければなおさらだが、それくらいの男になると、その女子の親も説得する能力があり、親が納得してしまう「財力」もきっとあるのだろう。

さらに私得意の極論で分かりやすく言うと、「殺人」であれば、報道されると多くの人が不快感を示すから愚行である。または私の本が大ベストセラーになり、Amazonだけではなく、テレビでも「不愉快な本」と言われたら愚かな本を書いたとなる。だがAmazonだけだったらそうではない。あそこは狭い世界だからだ。レビューを投稿する人間が限られている。

人は完璧ではなく、誰でも他人を不愉快にさせる行動を取ってしまう。仕方なくという場合もあり、スポーツ選手の成績が下がるのはわざとではない。しかし、ファンを不愉快にさせる。

とても紳士で優秀な男が、トイレに行きたくなったが、近くにトイレがなくて立小便をした。渋滞している高速道路ではたまに見かける姿だ。それは愚行だが、周囲も黙認していて、仕方のないことなのだ。まさかそれをものすごい剣幕で叱る人もいないだろう。立小便を目撃する人も数人に過ぎない。

もし、大勢を納得させる愚かな行動があったとしたら、それは愚かでも普遍的に許されていることか、国民が気づいていないことなのだ。

前者はギャンブルがそれだろう。競馬は人気があるが、ギャンブルをすることは冷静に考えれば愚行だ。

国民が気づいていない愚行と言えば、企業主催のチャリティや大きな団体が寄付金を募る行為だろう。気づいている人もいっぱいいるが、ずっと行われているのにそれらの団体は潰れないから、愚行が放置されているとも言える。

それらはとても非難されるべき行動だが、そう、

個人ならいいのだ。誰も巻き込まなければよいのである。

個人が部屋の中や公共サービスとは無縁の場所で、ちょっと愚かなことをすることを、「愚かだ。悪いことだ」と批判する権利は、実は誰にもない。

愚かな遊びや趣味に興ずる権利がこちらにあるということだ。

「あんたには関係ないでしょ」

と。

今の情報化社会は、その愚かに遊んでいる行為を徹底的に批判することが安易にできるようになってしまった。


ストレス解消にちょっと悪いことをして遊べないという時代だ。


違うだろうか。そのために、皆、疲れてしまっている。

そのような行為をFacebookに投稿してしまったら自爆ということだが、友人がネットに書いてしまうことが多い。

「あいつは昨日、元カノとセックスをした」と。

「彼女は昨日、泥酔した」と。

泥酔して店で暴れたのなら良くないが、泥酔したまままきちんと帰宅したなら、迷惑なのは家族くらいでしかない。いや、家族はもう寝ていて彼女も自分でベッドに入って寝たのなら、誰にも迷惑は掛けていない。そればかりか、飲み屋は彼女が飲みまくることで稼げて助かっていることになるし、彼女は酒税も払っている。酒を飲まない人よりも偉いという理屈だ。しかし、現実にこのような行為は悪徳となってしまう時代だ。

拙著だが、『悪徳の成功法則』（宝島社）という本で、分かりやすく、本物の悪と悪ではない悪徳と偽善について語っているので参考に読んでもらいたい。本当に分かりやすく書いたので。

人に不快を与えなければ愚かなことをしてもいい。

私は真の意味で、いや理由で、疲れている読者の味方だ。ストレスの疲れを取るために、大いに休んで、遊んでほしい。

その遊び方は、大勢の人に迷惑を掛けないこと――。

それに尽きる。とても簡単なことだ。

なぜなら、あなたは国家の奴隷でもなければ、その配下にいる公僕でもなければ、巨悪な団体を経営しているわけでもない、一介の庶民に過ぎない。何百人、何千人に不快感を与える趣味など持っているはずもないからだ。

見て見ぬフリをする

日本人は、見て見ぬフリが苦手になりつつある。欧米化したようだ。

他人のプライバシーを執拗《しつよう》に責めるようになった。そんなくだらないことは見ないほうがいいのにと思われるニュースをスマホで読んでいる。そして酒がまずくなるくらいに怒る。

Instagram の大ブームで、落ちぶれた芸能人の豪遊自慢があとを絶たない。老若男女が知っているようなトップ女優や、田舎のおばさんは知らなくてもドームツアーができるような歌手やミュージシャン（つまりあまりテレビに出てこないトップの人）は、Instagram に豪遊自慢の投稿はしない。飛行機のファーストクラスに乗っている様子をわざわざ見せないということだ。

昔はテレビに出ずっぱりだったが、今はその機会が減り、だけどお金は持っている女性タレントや、俳優からご意見番になったような男が、ＳＮＳにお金持ち自慢の投稿を一発ぶちかます。ヤフーニュースと結託したかのように。

繰り返し、繰り返し、どこかの芸能人がそんな豪遊自慢の投稿をして、ネットばかり見ている人たちがそれに激怒しているが、見なければいいのだ。NHKニュースが、「タレントの○○さんが飛行機内でファーストクラスの様子を載せました。豪華でかっこいいですね」と放送するはずもなく、元凶はヤフーニュースである。

私のように、職業柄仕方ない人間はヤフーニュースを見る。この話のためにヤフーニュースを見たあとに書いているが、見たあとはすぐにスマホを機内モードにしてしまう。私のスマホは寝ているときは必ず機内モード。こうして原稿を書いているときもそうだ。

あなたたちは、ヤフーの芸能ニュースを見る必要はまったくないのだ。見なければ、豪遊自慢をしている彼ら彼女らは自滅していく。

見て見ぬフリや知らないフリは、日常生活の中のよくある場面でもとても大事だ。

男性諸君はダイエットに疲れた彼女がポテトチップスを食べているのを見て見ぬフ

りをして、またはジョークでいじるのが正しい接し方なのだ。

　私の友人の女性が、ものすごいスピードでポップコーンを食べているのを見て、「キツツキか、お前」と突っ込みを入れたものだ。いじられるのが好きな女子だったら、それで何事もない。いじられるのが嫌いな女子は見ないフリをしてあげればいいのだ。

　女性の皆さんは、仕事や人間関係に苦悩している彼氏が夜中にビールを飲んで動かないでいたら、そっとしておくか、「何かしましょうか」と微笑まないといけない。断られたら、そっとしておくことだ。特に頭を使っている男は、静かな時間の流れを必要とする。例えば、プロの将棋士のタイトル戦は田舎の旅館で行うのがほとんどで、それは騒音対策でもある。たまたま地方の選挙カーが走っていて、それを主催者か旅館が止めたくらいだ。

　男女どちらにしても、恋人や夫、妻は、見て見ぬフリをしたほうがいい状況が頻繁にやってくる。相手が奇妙な姿勢になっていても、ジョークで和ませるか見ないようにすることだ。

一人になって服を脱ぐ

現代人のストレスの原因は情報の氾濫によるところが大きいが、ほかにも家族がストレスとなる場合もある。

妻とはケンカは一切せず、子供たちは不良にもならず、親は小言も言わない。兄弟には何の害もなく平穏に暮らしている、という人はあまりいない。

男親にしてみれば、もし、「娘が明らかにセックス三昧」とか、「息子が就職しない」という事態になれば苦悩の原因になるし、それに対して妻が一緒に悩んでくれたらいいが、そうならないことがほとんどのようだ。特に、男の子に対して母親は甘い。「大人にならないで」と、頑なに思っている。

女性にしてもストレスはある。夫が風俗ばかりに行っていたり、ギャンブルが好きでどうしようもなかったり、狸の置物のような腹になって老後の話ばかりだったりではストレスだ。

日本には良い山が多い。秩父地方などではニホンオオカミの生存が噂されているくらいで、東京の近辺にも山がある。

たまに富士山方面にドライブに行くと、駅からずっと離れた山中に小屋が見える。ポツリ、ポツリと散見できるほどだ。ネットで不動産情報を見ると、車一台分くらいの価格で売り出している。もちろん賃貸もある。

疲れているあなたは、こっそりと山小屋を買えばいいのだ。

三年くらい頑張って貯金すれば買えるのではないか。預金通帳もこっそりと作ればいいでしょう。

誰にも干渉されずに一日を過ごせる場所。簡単な話、ホテルがそうだ。しかしホテルに泊まるのはとても高額で、「なぜ、一泊数万円もする部屋に泊まるのか」と不思議がる人が多い。ビジネスホテルなら一万円程度だが、庶民にしてみれば高いと思う。

しかし、少し余分なお金がある人は、誰にも会いたくないから泊まるのだ。

世話をしてくれるのはホテルマンであり、妻ではない。妻に世話してもらうのも悪くはないが、長く付き合っていると小言が多くなる。熟年離婚をバカにしたり批判したりする人が多いが、それは自分たちが運よく仲良くやっているからか、または結婚していないからだ。人の気持ちなど分からないものだ。

女性も同様に、疲れていたら一人で温泉に行けばいい。

朝、起こされるのは面倒だが、布団は敷いてくれるし、温泉にゆっくりと入れる。誰にも邪魔はされない。人は一人の時間を持つことが必要で、特に誰かと長く暮らしている人は決まって疲れているものだから、一人にならないといけない。皆、価値観も違えば趣味も嗜好も違う。どんなに仲良くても衝突することがあるし、お互い我慢しているものだ。

「我慢することが美徳」。それが日本人で、とんでもなくバカげた美徳だと思っている。

美徳じゃないって?

我慢せずに怒ったり反論したりすると、「なんとかハラスメント」でしょう。車の運転で煽られて、ずっと我慢していて限界が来て、煽った車を停止させて運転手を殴ったら逮捕されてしまう。

夫婦間も同じ。長い付き合いの同棲カップルもそうだ。

サボっている妻、サボっている夫。女を捨てた妻、男を捨てた夫。双方、同じレベルに下がったら円満になることが多く、片方がレベルダウンしたら破局となる。我慢をしたとしても、それが十年、二十年続くとストレスが蓄積される。そのストレスで癌になり、自殺し、酒で肝臓をやられる。円満な夫婦がこの話を聞くと失笑するかもしれない。


繰り返すが、夫婦生活が円満で、子供たちも優秀で、親兄弟にも何のトラブルもない人生を歩む人は滅多にいない。それでも楽しく暮らしている人は、やはり何か特別な趣味を持っている。

例えば世界中を旅行しているとか。

豪華客船に乗るとか。

豪華じゃなくても、「船で小笠原諸島に行った」ということなどをたまに聞く。

毎週、ゴルフに出かけている中高年の男はそれでストレスを発散しているが、ゴルフをしない男たちはそれができないから別の何かを模索するものだ。友人たちはゴルフ三昧なのだから。

それができない人はきっと苦悩しながら生きている。


できたとしても、また相性が悪くなった異性のいる部屋に戻るのは苦痛だ。

だから何もしない部屋を買うといいだろう。少し高級なホテルに泊まり続けたら、お金がなくなってしまう。山奥ならバカなこともできる。虫除けが必要だがベランダに裸でいても叱られないだろう。

家族がいる家の一室で裸になっても、「誰か来るんじゃないか」と怯えているもので、何もストレス発散にならないのだ。男のオナニーがその証拠。妻や子供に隠れてやったところでストレス。ティッシュの処理がストレス。

「オナニー」と書いただけで、「ギャグみたいな本」と笑った奴は、さっさと立ち去ってほしい。「自慰」と書いたら「古い」。「オナニー」と書いたら「ギャグ」。そうして人の揚げ足を取るばかりの連中にも、われわれは囲まれている。
だから、誰も来ない小屋を買うといいでしょう。そこで大きな声を出してもいいいし、裸でAVを見ていてもよい。ちなみに、私はビジネスホテルや関東周辺の山奥のペンションや宿ではそれができない。なぜならお腹が弱いから。一刻も早く温暖な気候の土地に、別宅かウィークリーマンションを備えなければいけない。そこで違法にはならない愚かな行為をしてストレスを発散したい。

しかし、女性には実は勧められない。人気がないから、逆に犯罪に巻き込まれることがあるのだ。
だから女性は安い旅館に頻繁に行くのがベターだろう。

そこでのお勧めはやはり、服を脱ぐことだ。

私はあなたを見ていないのだから、変態趣味で言っているのではない。裸で足を広げて、ポテチでもつまみながら映画でも見ていればストレスは解消される。ニュースは見ないほうがよく、好きなＤＶＤを持っていくのがベストだ。普段、お洒落に気を遣っている女性は、裸で部屋を歩くのがとても気持ち良いものだ。誰も見ていないのだから。温泉旅館なら、深夜にもなれば旅館の人も来ないだろう。裸に浴衣だけを羽織り、露天風呂に行けば楽しいと思う。「矯正下着もいらない」と。

日本は昔よりも連休が増えた。私の父は、あまり家族旅行をしなかったが、それは連休が少なかったからでもある。今はゴールデンウィークに加え、シルバーウイークも出てきた。そのときに、山小屋に行くのがいいでしょう。最小限の好きなものだけを持って。スマホもなるべく電源を切るように。

ただ、持病のある人は慎重になってほしい提案である。良い病院は都会に集中しているからだ。

南の島でのんびり過ごす

美しい南の島に滞在する。

できれば一週間以上、何もしないで真っ白な砂浜とエメラルドグリーンに輝く海を見ている。もちろん、仕事などしない。

成功したあとに疲れた男の特権である。

北の大地と違うところは、水着の女がいることだ。できればビーチに近いホテルがいいだろう。若い女性のビキニ姿を鑑賞できる。望遠鏡を使うほど変質者的になれとは言わないが、それも悪くない。いや、浜辺の女子を覗くのは犯罪だったか。そこまで頑張って見ようとしなくても、宮古島あたりのリゾートホテルに宿泊すれば、水着の女性たちが近くを歩いているものだ。

藍色の海は絶美であり、浅瀬の透明度は星の砂を見つけられるほどで、都会の蛇口から出てくる水よりも綺麗だ。自然の水と人工の水との比較をすればいいだろう。地球が作ったものと、人間が作ったものの違い。肌で感じれば分かる。

女性の水着と言ったが、疲れた女がたくましい男や若い男子の裸を容易に鑑賞できる場所でもある。レオナルド・ディカプリオの『ザ・ビーチ』という映画が昔にあった。彼の裸がいっぱい見られるだけで高評価だ。私には、何が良いのかさっぱり分からない、つまらない映画だった。

恋に疲れていたら、声をかけてくれる地元の青年もいるだろう。もっとも、田舎の青年と都会に慣れた女性とは性格が合わないものだが、新鮮なのでセックスは合うかもしれない。

男が人生に疲れる原因は、借金以外では、女のことか仕事のことと決まっている。先に言うが、そこの若者たちよ。若者といっても四十歳くらいの男も含める。

疲れてもいないのに「南の島に行ってきます」という贅沢自慢が目当てでバリ島に行ったところで、海や自然の美しさは分からない。

屁理屈ではなく、人が地球の恩恵に気づくのは、絶望しているときと誰もが分かっているものだ。地球が創造した人間の、その優しさを知るのも絶望しているときでしょう?

北の地方が良くないとは言っていない。オーロラを観察するために、北欧に長期滞在するのも悪くはない。ただ、日本で言うと北海道の女性はそれほど温かくない。北海道で本が売れなくなったら困るが、一般論だ。狩猟をする女性も多く、喫煙率も高い。自由な土地柄で、弱った男を構っている暇はないという感覚が強い。

もっとも、私も弱った男を甘えさせろとは言っていなく、南の島に長期滞在するにはそれなりに自力が必要だ。まさか高齢の親が「沖縄で休養する金だ」と言って子供に百万円くれるはずはないと思う。

島の人が優しいかどうかはともかく、小さな島にいる老婆など何の邪気もないものだ。英語が苦手な私はなるべく西表島か竹富島《たけとみ》に行くが、その目的は島の人と話をすることだ。とはいえ、言葉の訛《なま》りがひどく、老婆に「男の人にひどいめに遭わされたことはある?」と聞いても何を喋ってるのか分からなかったことがある。レイプが本当に日常茶飯事だったのかどうか、という話だ。私が無理に聞いたのではなく、老婆が昔話を始めた。その延長の会話だった。

ただ、まだ若く、体のどこにも痛みがないうちに南の島の虜《とりこ》になってしまうと、それ以上のものを見つけられなくなり、絶望したときに自殺するはめになる。

理論としては優秀だろう。ストレスがあまりないうちに、地球上にある最高級の美や食事を手に入れてしまったら、その後、ストレスに蝕まれたときにどうすればいいのかという持論だ。

ほとんどの男はそう、クスリに手を出す。

そうでなければ本やネットに出ている、「一度は見てみたい世界の絶景」くらいしか頼れるものがなくなってしまうが、そのときにはもう、世界の絶景を見て回れるほどの気力はないだろう。男なら、都会の喧騒に疲れたら、大自然の中に逃げ込んでしまうと相場が決まっていて、それは悪いことではないのだ。本当に、街の冷酷さに敗れたのなら。

それくらい、資本主義社会の都会は冷たい。厳しいのではない。冷たいのだ。

社会が冷たい理由は、成功すれば分かる。

税金が高いとはいえ、成功すればいったん「意外と世の中は厳しくないな」と悟る。ところが次第に風当りは強くなり、妬み、僻みの攻撃を受け、弱者を助けなさいと怒られるようになる。

しかし、その弱者は本当の弱者ではなく、サボっている人がほとんどだ。

それを指摘するとますます批判されてしまう。じきに人間嫌いになるものだ。

そのときに、助けてくれるのが南の島と言える。

夜になると天の川が綺麗に見えるのだ。プラネタリウムの世界が頭上に輝いている。昼になって砂浜に行くと、熱帯魚が浅瀬にいる。

体がさほど悪くないのに薬を飲んでいたら効かなくなるように、疲れてもいないのにせっせと観光旅行していても、「自分探し」の旅をしているバカと一緒。もしものときのための特効薬として取っておき、モルディヴなどへのバカンスは乱用しないことだ。

特に女日照りの男が絶望したときには、南の島が効果抜群である。繰り返し釘を刺しておくが、「あんなにサイパンとバリと沖縄に行っていたのに、ストレスの病気になってしまった」という話を聞いたことがある。もともと疲れてもいなかったのに、一流リゾートホテルの写真をFacebookに載せたいがために近場の南の島に行き、帰国したら仕事が山積みで、それで鬱になったら喜劇とも言える。

Instagramがなければ行かなかった場所が、あなたにもあるはずだ。私はボルダリングをしているが、先日、初めて会員ではないジムに行った。そこはインスタ映えすることで有名なジムで、来ていたクライマーたちは皆、自撮りに余念がない。私の場合、それで反響があったかというと、再生回数が一割ほど増えただけ。ボルダリングは一回二〇〇〇円程度だからダメージはないが、インスタ映えを狙ってあちらこちらに旅行するのは逆にストレスになるから、本当に行きたい観光地に行くことだ。

自分の話は控えめにしたいが、私は体に何か異常が出て、それがストレスだった場合沖縄方面に行く。すると治るものだ。山奥でも治るが、女嫌いを治すには水着がかわいい女子が多い沖縄がベストだ。中身が強欲な女の子も、見ているだけなら美しいので。ジロジロ見てはいないので悪しからず。

「女に逃げられたのに、沖縄に行ったら余計に悲しくなる」

そう思った読者貴兄。

カップルだらけのサマーランドに行くのではない。

大自然の中でもっと冷静に女性を見て、「女とは何か」と考えるべきだと提案しているのだ。

女性の場合は、逆に、銀座やリッツ・カールトンで、仕事が優秀な男をじっくりと見ているのがベストだが、「男の人はしばらくいいや」と思ったら、そのあきらめの境地に美貌は不要だろう。肉を毎日食べて一時的に太るのも良いことだ。

それに、一つの恋愛が終わったあと、すぐに男をつくるのは「ビッチ」だ。

私は、波打ち際で透明度百パーセントの海水で足を湿らせ、その栄養分を体に入れながら小さな蟹と遊んでいるのが好きだ。それは東京ではできない。大阪でも。三重県の出身であるから、紀州の海に行けばそこは美しいし、清流も滝もある。赤目四十八滝《あかめしじゅうはちたき》で心因性咳嗽《がいそう》が治ったことがあるが、やはり、

「知っている人が近くにいる」と思うと、すべてのストレスが発散されない。

東京に住んでいたら、「西表島までは誰も追いかけてこないだろう」と考えるし、スマホが繋がらない素敵な場所もある。いや、スマホが繋がらない場所は熊野のほうが多いかもしれない。

西表島には水着の女の子は少ないが、何と言ってもイリオモテヤマネコがいるかもしれないと思うと、猫好きの私は心が躍るのだ。

「ここで暮らせば楽になる」

と分かっているが、本土からの人間に対して排他的な島だし、仕事がある以上は東京にいないといけない。「作家の仕事なら田舎でできるじゃないか」。そう笑われそうだ。そうだ。できるのだ。だが、私はその極楽な生活を保留している。

「俺はまだその愚権を行使するほど、実績もない」

と思うからだ。

島田紳助《しまだしんすけ》さんが一時、石垣島にいたようだ。あの人くらい働き、稼ぎ、そして疲れてしまったのなら、石垣島でのんびりと暮らす特権を持っているのだろう。

恋愛と仕事に疲れた人間が行ってよい楽園。それが南の島だ。

数年前、フィジー島に行く計画を立てていたら、ローリングストーンズのキース・リチャーズがフィジー島で事故を起こし、搬送されたというニュースが流れた。

「キース様がバカンスで行くような場所に、俺みたいな青二才が行っていいのか」

と考え直し、宮古島に変更したが、年齢的にもそろそろいいだろうと思っている。

ただ、日本人女性が好きだから、外国人女性の水着には感じないかもしれないが、タイのリゾートホテルに米国人の女の子たちがいて、まだ巨大化していなかったから、かわいらしく見えた。

高級ホテルに泊まる

以前の著作に少しばかり書いたことがあるが、高級ホテルに一泊することほど愚かな行為はない。

保険にかけ捨てというのがあるが、それと似ていて、まさにお金をかけては捨てていると言える。保険ならもしものときに戻ってくるらしいが、高級ホテルのスイートに一泊十万円をかけたところで何も戻ってこない。あなたも一度、リッツ・カールトンのような高級ホテルの八十平方メートル以上の部屋に一泊して、

「ああ、俺ってなんてお金の無駄使いをしたんだ」と肩を落としてほしい。

数年後に、自宅の部屋で絶望するくらいが理想だ。大人になるものだ。そう、それが分かるまで、一泊十万円ほどのホテルをビジネスホテル代わりにし、「俺は偉くな

った」と調子に乗っているべき。有名大学に入っただけで偉いと思っている学生と同じ程度なのが、「俺は高級ホテルにいるぜ。偉いだろ。成功者だろ」だ。

偉い人間とは、名誉のある人と、誰かを愛していて、しかもその愛している人を大いに助けている人のことを言うのであり、散財する人は偉くない。

とはいえ、経済的に極悪ではもちろんなく、繰り返しているとただ下品なだけだが、たまにならいいのだ。

私は昔から言っている。


「何でも、たまにならいい」


と。

そこまで読まない読者は、「里中はマックに入るなと言っておいて、ラスベガスでマックに行った」と批判してくるのだ。ホテルカジノの中にあったマクドナルドのメニューを覗くのも怒られるのだから、先に言ったように、人はどこかで一人になって静かな時間を過ごさないといけない。とはいえ、

経験を積むために、一度は散財してみようではないか。

快楽を知らないと男は上昇しないから、スイートルーム一泊のお金の無駄遣いは経験したほうがよいだろう。その経験をしてきた私のこの言葉は、その機会を逃さず、名言となる。機会を逃せば、ただの愚痴だ。

つまり私はつい最近まで一泊数万円のホテルによく泊まっていたのだ。部屋が八十平方メートル近くになると、そう、まったく触らない場所があり、ひどいときは座らない椅子もある。逆に実用性がない部屋とも言えるが、ではそのような部屋がなぜ存在するのか。

富豪と有名人のためにあるのだ。私はそのどちらにも該当しない。ハリウッド女優が来日したら、高級ホテルのスイートに数泊するだろう。恋人同伴なら大いに利用価値が高まるし、セレブには、スタッフや護衛がついているものだ。その人たちが所用で部屋に入ったときに、椅子がいっぱいあればそちらを使うこともできる。二泊すれば、アメニティもすべて使い切るかもしれないし、バスルームでテレビも見るだろう。午後二時か三時にチェックイン。ディナーはホテルのレストラン。恋人とホテル内の夜景が美しいバーで語り、部屋に入ってベッドイン。翌朝、朝食を食べたら仕事のために早めにチェックアウトをした。

使った箇所は、トイレ、シャワールーム、ベッド。彼女の化粧のためのドレッサールーム。ソファにはほとんど座っておらず、部屋からの夜景も見ていなく、大型テレビで映画も観なかった。恐らく一泊ではその時間はない。冷蔵庫の中にある飲み物には手を付けておらず、彼女が使ったリンスはほとんど残っている。なぜかその部屋にはキッチンがあったが、料理ができない今どきの美女はお茶すらも淹れてくれない。

その女のために十万円以上を使ったら、保険のかけ捨てとは比較できないくらい、金を捨てていることになるのだ。

そのような愚かな経験をしてほしい。

美女だと思っていた彼女は、よく見たら渡辺麻友《わたなべまゆ》さんや石原《いしはら》さとみさんと比べたらただの一般人で、平凡な美貌だと分かるが、本人は、「仕事ができる美人」と自慢している。よくある話だ。

ケンカをしたときに、「私があんたと付き合ってあげている」と、暴言を吐くのも時間の問題だ。これもよくある。

超高級ベッドは、シーリーかサータか分からないが、「ムードが大事」と微笑する女に限って動かないから、男の汗と精液で汚れてしまう。客室係を呼んでそのシーツを交換してもらうことは、度胸のある行動である。男女ともに頭がおかしくないと精子臭のするシーツをすぐに換えてもらうことはできないものだ。

数泊すれば勝手に交換してくれて、ホテルマンは部屋がセックスで汚れていることを当然と思っているから、何事もない。しかし、「今、セックスで汚したからシーツを交換してくれ」と電話をする客は少ないと私は思っている。

あなたにその経験があれば、その愚かさを尊敬する。愚かさが一般常識を光の速度で通り超え、神格化していくはずだ。ホテルマンたちが、「恥じらいのないすごい客がいる」と話題にしているはずだ。神格化と言ったが、ギリシャ神話に出てくる女関係で失敗した神たちである。それでも一時、客室係の話題になるのだったら構わないでしょう。

話を続けると、読書をしなければ、ベッドサイドの読書灯も使わず、女性がいなければドレッサールームも使わない。そんな広い部屋を利用し、部屋の広さ、美しさにうっとりしているほど、気持ち悪いものはないのだ。

新装されたスイートに見学がてら一泊だけしているお金持ちなど、まさに自分にうっとりすることが目的で、そのためにお金を捨てている。また、そんな部屋には泊まれない庶民的な女を連れてきて、彼女が部屋に入るなり、「なんて広くてキレイな部屋。素敵！」と叫び、部屋の探検を始めるのを見ていて、「俺は金持ちだ。すごいだろう」と威張り、それでしか自己主張ができない、「女を知らないバカ」に過ぎない。

それも賢明な女が、

「次はもう少し狭い部屋でいいよ。私、セレブじゃないし。なんかもったいないよね」

と、苦笑いでもすれば、男は目が覚めるものだ。

愚権が許されるときとは

愚権とは、愚かな行動をしても親しい人に許されることだ。

例えば、「逆境」という言葉がある。いや、「苦労」がベストだと思う。

ほかに似ている言葉を探すと、そう「不運」という言葉はあるが好きではない。少女が恐ろしい事件に巻き込まれたならともかく、言い訳っぽく聞こえる。私の親しい人たちの中には、「そんな不運なことがあったのか」と驚くほどの過去を持つ人が何人もいるが、「運が悪かった」と泣いている様子はない。こっそり泣いているのかもしれないが、彼ら彼女らは立派な尊敬すべき人間である。

「人間」という言葉もあまり使いたくなく、女性なら、「女」と言ったほうが、その人も喜ぶ。人間として素晴らしいと称えられ、ニヤニヤしているのは神格化を夢見ている頭のおかしな奴しかいないものだ。読者の皆さんもそのような人には近寄らないのが賢明だ。次の日には、妙な団体に勧誘されるかもしれない。

「素晴らしい人間になりたい」という人には、驕《おご》りがあると言いたい。

「もっと、かわいい女になりたい」で十分素敵なのだ。

「人間」と口にするなら、人類史を勉強してからのほうがいい。

話をテーマに戻すと、歳が四十にもなれば若い頃から体力を使い続けている。プロレスラーが老人になる前にどんどん死んでいったり、重い病気や関節などの病気で早くに引退していくのは、若いうちから過激な技を体に受けているからだ。それは極端な事例だが、男なら、若いうちに女を抱いてばかりで、毎日のように酒を飲み、しかも、優秀な男なら仕事でも多くの体力を使ってきているだろう。経験値はどんどん上昇し、ベテランに近づくにつれ、周囲から頼られるようになる。

そのときに、蓄積された疲れが出てくるのだ。

自分の快楽や利益のために動けなくなる年齢は、四十歳から五十歳だと推測される。「働き盛り」という厳しい日本語もある。私なんか、父親からずっと「働き盛りだ」と言われ続けていて、もう二十年だ。私の話ではないが、それに心底疲れてしまい、休もうとするが、日本人は義理や世間体を気にして、疲労困憊の男が家族サービスという奇妙な慣習をしている。

そして死ぬ。

過労死するのだ。疲れた頭で高速道路を運転して、事故死することもあるだろう。ところが、賢明な女は、「家族のことはいいから休んでいいよ」と優しく笑うのだ。

賢明な女とは、男の力（才能）でもらえる女の快楽を、その男の様子を見て一時あきらめられる女だ。

分かるだろうか。車の運転が得意なのは男だ。それは男の才能だが、女たちはそれに甘え、渋滞のときに助手席で寝ている。しかし、その男がゴールデンウィーク前の仕事で疲れていたら、渋滞の運転は命に関わるのだ。

そのときに、

「今年のゴールデンウィークは家で寝ているか、一人で好きな所で遊んできていいよ」と言える妻はあまりいないだろう。

女はわがままで、劣悪なものだ。男は凶悪だから、「劣悪」は褒め言葉である。

無意識にフェミニズムを押し付けている女でも、飲み屋で「奢ってほしい」とタダ酒を求める。タダ酒ほど美味い水はないからだ。しかも男に奢ってもらうと、「私は綺麗かもしれない」と自惚れることもできる快楽になる。そんなフェミニストの女は男を観察する能力がないが、心が美しい女性なら、「彼は疲れているからあきらめよう」と、高級レストランも温泉も「今度でいいよ」と言う。

その、本当の意味での「女神」からのお許しが出たところで、あなたは徹底的にぼうっとしているのがベストだ。

ただ、繰り返しになるが、それにも条件がある。

仕事の疲れがひどく、体がすぐに動かない夫に、「何かしなさい」と怒る女は、私は知らないが、世間には多いらしい。それが家事なら（家事も大事だが）、もうその男には未来はない上に、人生は後悔だけで終わってしまうだろう。そんな男は老後に決まって言い訳をする。

「酒が美味かっただけでいいんだ」

「阪神が優勝したからいいんだ」

死ぬ間際に意識があり、贔屓《ひいき》の野球やサッカーチームの勝利を喜ぶのは、外国でもあるようだ。映画『デイ・アフター・トゥモロー』という作品で、死が決まった男たちの中の一人が、「マンチェスター・ユナイテッドに乾杯」と語るシーンがあった。ジョークを兼ねていたし、そのあと一緒にいた男が「息子の成長を見たかった」としんみりと言うシーンも入っていたから先のジョークは相殺《そうさい》されるとして、もし真剣な心理だったら、私には理解できない。

本書は自己啓発だから正直に言うが、応援するスポーツチームが優勝することは、自分が成し遂げたことではないのだ。気持ちがシンクロしているとしても、遺言にそれを口にするのはおかしい。無論、大好きなスポーツチームやアイドルグループを応援するのは良いことで、しかし、死期が迫ったときにそれを口にするのは、物質的に満たされなかったのか、仕事がつまらなかったのか、恋愛で満たされなかったのか、どこかに大きな穴があるのだ。

充実した人生とは、男なら、現実に女子たちよりもやりたいことが多くあり、それを実現できることだ。資本主義社会では、その欲を満たす方法が高めに設定されている。女子が、高級ブランドや筋肉女子にはまらない限りは、男たちのほうが欲を満たすためのハードルが高く、それを達成していれば充実した人生になるものだ。

どんなに「男女対等の時代」と言っても、一戸建てかマンションを買うのは男のほう。女子は、マンションを買ってくれる男と結婚する欲があるが、男は、マンションを買いたい欲と美女を得たい欲と両方を達成させなければならず、そのハードルを飛び越えるために、かなりの行動力や忍耐、才能が必要になってくる。高級車を買うにしても、あるスポーツの上級者になるにしても、男のほうがより行動的に出て勝負をかけないといけない。

あなたがもし、平凡な男だったとして、なのに、高いハードルを越えたことが何回もあったら、死期が迫ったときの言葉はその話になるだろう。

「よくやった、俺」

ということだ。

一方、女性の勝負は妊娠、出産がそうだ。フェミニズムの社会が「そうじゃない」とマスコミを使って喚こうが、「彼氏の子供が欲しい」という女子が圧倒的に多い。大塚家具を父親から乗っ取った女社長に憧れていた女子も、「何かおかしい」と気づいたかもしれない。そんなことはないか。

賢明な女性なら、若い頃、そう肌が美しかった頃に恋愛が充実していて、結婚もできて、それなりに優秀な夫を持つことが充実した人生だと知っている。

優秀の定義は、「浮気をしないこと」だとしてもそれでよい。本人が満足しているのなら、愛人生活でもよい。その場合、セックスが好きなのだろうし、彼氏がお金持ちなら生活は楽だ。

愛人になる女性は、日本やほかの資本主義社会の中、女が一人で生活していくのが大変なのを知っているのだ。お金持ちのお嬢様が、どこかの下品な男の愛人になりますか？

貧乏に苦しみ、結婚できない何かの理由があるか、ずっと女でいたくて子供を産みたくないという女性を批判する必要はない。「結婚だけが幸せ」という奇妙な価値観が社会に蔓延しているため、軽蔑されてしまう男女はとても多い。

平凡や貧乏から自力で脱出した彼ら彼女らは、「趣味が楽しかった」という遺言はきっと残さない。「幸せだった。生まれ変わったら、また女に生まれたい」とか「男としてやれることはほとんどやった」と笑みを浮かべて死んでいく。

彼ら彼女らは、ある時期、または少しばかり老いてきたときに、愚かにぼうっとしているものだ。何しろ、一度目標を達成したのだから、悦に入る時間や休養する時間が必要だ。

私は、一つの目標を達成して疲れた男の休養期間は一年、二年でもよいと思っている。

「一人になりたい」と思うことも多いはずだ。

「船舶の免許を取りたい」とか「小笠原諸島に行けばスマホは繋がらないか」とか、

私にそんな話をした男たちは、一度は成功して、そして音や時刻のない世界に餓えていた。

心底疲れたのなら休め

丑三つ時と言えば、深夜の二時頃だが、その時間に寝苦しくて起きる人は、心身が悲鳴をあげているので過労死や突然死を避けなければならない。

老人ばかりが入院している病院の女性の看護士に聞いたら、「寝たきりのご老人は深夜の二時頃に急変するから、夜勤は怖い」と、ため息をついていた。

老人は朝まで寝る体力がないから早起きなのは誰でも知っている。

深夜の二時頃は自律神経がいちばん乱れる時間帯で、健康な人でもストレスがあると、寝ていても苦しくなって起きてしまう。

あなたが何かに苦しんでいるとしよう。

肉体労働も疲れるが、借金、家庭環境の悪化、失恋も場合によっては命に関わるひどいストレスになる。

そのせいで夜中に目が覚めてしまう。ストレスで体力がなくなっているのだ。脳が疲れても体力は失われるものだ。妻はそんなあなたを見て、「なんで起きてるの？会社があるから寝なさいよ」と言うか、黙ってビールを出すか、軽い睡眠薬を出すか。それはともかく、疲れている人たちは傍から見ると、そう、サボっているとしか見えない。しかし、それでいいのだ。ぼうっとしていることだ。

心底疲れたら休む。

年齢には言及しないが、人は体力の貯蓄が不得意だ。新渡戸《にとべ》稲造《いなぞう》の書に、私が今書こうとすることと驚くくらいに似ている一文があったので紹介したい。

「体力を貯蓄するには、一時の元気を出さぬがよい。しかるに日本人はその当座褒められるため……（中略）無理して体力を乱費する者が多い」（『修養』タチバナ教養文庫）

何となく本を開いた箇所に載っていたから運命的に感動している。

新渡戸稲造と澁澤龍彦《しぶさわたつひこ》は本当に私を助けてくれた。澁澤龍彦は快楽主義の哲学を教えてくれたが、彼自身がそうだったようには見えず、その後、私はオスカー・ワイルドに傾倒する。唯美主義への帰結だが、人が疲れている様子は美しくないし、ストレスは争いを生む。美しいものに高い価値を見出すのは「善」だ。


ときどき話が横に逸れるが、浅田次郎《あさだじろう》さんのエッセイにも「また脱線してしまった」と書かれているので、脱線と主観的な散文に目くじらを立てないで楽しんでいただきたい。

新渡戸、新渡戸とうるさいが、つまり、先程、編集者が太字にした新渡戸の言葉にすべて集約されてしまっていて、私のような無名の物書きがこれ以上語ることがないのだ。

と言っても、あと三千字は語るかもしれないというオチがあるものだ。


あなたはバカではない。

頭の良い人間は、ぼうっとしているときにも、次に何をするか模索している。

私は天才とは言われないが、多才とよく言われる。私が利発だとして、私はぼうっとしてサボっている時間がとても多い男だ。

まず、朝起きたら一時間はベッドから動かない。そのあとのことを細かく言うと、歯を磨きに行く。歯を磨くことだけは熱心だ。しかし、良い歳をして低血圧なのか、元気が出てくるのがなんと夕方くらいからで、ピークは夜の八時くらい。困った肉体をしている。

その起きてから、何もしないで目を開けながら寝ている時間。私は正直自分を愚かだと思うこともある。時間がもったいない。単にサボっていると思う。周りは怒らないが、元気な人間がやっていたら「仕事をしなさい」「勉強をしなさい」と言うか、「急に体調が悪くなったのか」と心配をする。他人には怒っているのに自分は物思いにふけっているかのようにぼうっとしていては、最低の権力者とも言える。

実はそれを「愚権がある」と言うのだ。

脳も肉体も疲弊していて、それがもしかすると他人のためか愛する人のためか、愛国心のある人なら国のためかもしれない。

誰にも与えていない人間に、二度寝、三度寝をする権利はない。

だが、誰かに懸命にエネルギーを与え、疲れてしまった人間には、サボっているように見える時間が必要で、繰り返し言うがその権利がある。

だが、この日本で権利が大いにあるのは、なんとサボっている人たちにほかならない。

「8050問題」にしても「ニート」にしても、重要な会議を生理で休む女子社員にしても、生理は辛いだろうが、権利がすぐに発生する。総括して「人権」だが、真面目な人、苦労している人には、「何もしなくてもあなたには人権があるでしょ」というのが国や世間の態度だ。

そうだろうか。多くの人々を楽しませたマイケル・ジャクソンに人権はなかった。近年は、職人や伝統芸能を守っている人たちを軽視する若者が増えてきた。時間をかけているのが不合理的に見えるらしい。さっとお金を稼いで、人を軽蔑している男女に大いに人権が発生する。時代の最先端を走るからだろう。

呆れるほどにサボっている人間と、資本主義社会に傾倒して合理的に金を儲けた一発屋のような人間を守り、真面目で苦労している労働者や医療控除が受けられない病気の人は、ほとんど国から無視されるか、逆に重い税金を課せられる。

ちなみに、こんなにひどい国は先進国では日本だけかもしれないと、お教えしておく。


あなたが深夜の二時に寝苦しくなって起きてばかりだとしよう。

愚かに、おおいに会社を休むといい。

貯蓄があれば退職する決断力も必要だ。それくらい、人は疲れたら休まないといけないのだ。だからお金は大切だと、過去の著作で話してきた。豪遊するためではなく、休養するために必要なのだ。

もし、それを咎められたら、その咎めた人は恐らく健康で、まだどん底を、激しい痛みも知らないのだろう。

私からのお願いである。休んでほしい。自殺しないでほしいのだ。

最後にもう一度まとめるが、本書のテーマは、疲れた人、一度成功した人が、ストレスを発散するために「人が見ていない場所で愚かな行為をする」ことを励行した内容である。

少年時代から、ストレスと戦ってきて、限界に達したときに長期のバカンスを取れなかった私からの、優しいアドバイスだ。

【著者紹介】
里中李生　（さとなか・りしょう）
本名：市場充。三重県生まれ。作家、エッセイスト。20歳の頃に上京し、30歳でフリーライターから作家活動を始める。時代に流されない、物事の本質を突いた辛口な自己啓発論、仕事論、恋愛論を展開する。「強い男論」「優しい女性論」を一貫して書き続け、物事の本質をずばり突くその主義、主張、人生哲学は、男女問わず幅広い層から熱狂的な支持を得ている。ベストセラーやロングセラー多数。著書の発行累計は260万部を超えている。代表作に『一流の男、二流の男』『男は一生、好きなことをやれ！』『成功者はみな、怒りを秘めている』『この「こだわり」が、男を磨く』（以上、三笠書房）、『「孤独」が男を変える』（フォレスト出版）、『一流の男のお金の稼ぎ方』『男はお金が9割』『一流の男が絶対にしないこと』『男の価値は「行動」で決まる』（以上、総合法令出版）、『「孤独」の読書術』（学研プラス）。web小説「衝撃の片想い」も好評連載中。

◆里中李生オフィシャルウェブサイト
http://www.satonaka.jp/

※本書は 2015 年 12 月 23 日に小社より刊行された『愚か者の品格』を
大幅に加筆・修正し、改題したものです。

大人の男は隠れて遊べ
支配されないための究極の"逆転思考"

2019 年 3 月 22 日　初版発行

著　者　里中李生
発行者　野村直克
発行所　総合法令出版株式会社
〒 103-0001 東京都中央区日本橋小伝馬町 15-18
ユニゾ小伝馬町ビル 9 階
電話　03-5623-5121

印刷・製本　中央精版印刷株式会社

落丁・乱丁本はお取替えいたします。

ISBN 978-4-86280-666-6

総合法令出版ホームページ　http://www.horei.com/